인물유산이 들려주는 숨은 이야기

인물유산이 들려주는 숨은 이야기

초판인쇄 · 2017년 4월 20일
초판발행 · 2017년 4월 25일

지 은 이 · 정인수
펴 낸 이 · 고명진
펴 낸 곳 · 가람누리

출판등록 · 2011년 7월 29일 제312-2011-000040호
주   소 · 경기도 고양시 덕양구 통일로 140(동산동)
            삼송테크노밸리 B동 329호
전   화 · (02)396-9651 / FAX (02)396-9653
e-mail · garamnuri@daum.net
홈페이지 · www.munyei.com

ISBN · 978-89-97272-28-0 (03910)

ⓒ 정인수, 2017

* 잘못된 책은 바꾸어 드리겠습니다.
* 저자와의 협의에 의하여 인지는 생략합니다.
* 이 도서의 국립중앙도서관 출판예정도서목록(CIP)은 서지정보유통지원시스템
  홈페이지(http://seoji.nl.go.kr)와 국가자료공동목록시스템
  (http://www.nl.go.kr/kolisnet)에서 이용하실 수 있습니다.
  (CIP제어번호: CIP2017006106)

인물유산이 들려주는 숨은 이야기

정인수 지음

가람누리

책머리에

　오천 년의 유구한 역사를 이어온 우리나라에는 그 오랜 역사만큼이나 훌륭한 인물들이 많이 있습니다. 대부분 학교에서 역사 시간에 이러한 위인들에 대해 배우게 되는데, 선생님께서 들려주시는 인물들의 이야기를 들으며 우리는 큰 감동을 받고 꿈을 키우기도 합니다. 하지만 학교 수업만으로 인물들을 알아가기에는 부족하다고 판단하여 좀 더 풍성하고 알찬 내용을 전달하고자 이 책을 만들게 되었습니다. 따라서 이 책에 실린 인물들에 대해서만큼은 정성을 모아 만들었기 때문에 어린이들에게 꼭 필요한 역사 교양서의 하나로서 부족함이 없으리라 믿습니다.

　《인물유산이 들려주는 숨은 이야기》는 임진왜란 때 임금을 잘 보필하며 나라를 구한 재상 류성룡, 남편을 일찍 여의었지만 오직 가문을 일으키고자 하는 마음으로 한평생을 노력하여 3대 재상과 대제학을 배출한 고성 이씨 부인, 임진왜란을 승리로 이끌어 너무나 유명한 민족의 영웅 이순신 장군, 선조 임금을 도와 국난을 극복한 충신 이항복과 이덕형, 붓 한 자루로 명나라 관리의 거짓말을 따지는 글을 지어 위기에 처한 나라를 구한 이정구, 조선 최고의 시인 윤선도, 주자학의 대가로서 많은 제자를 길러낸 송시열, 가난한 백성들의 영웅인 암행어사 박문수, 비범함과 현명함으로 국가 발전의 초석을 마련한 채제공, 부강한 나라를 꿈꾼 실학자이자 개혁가인 정약용, 조선 최고의 명필 김정희, 해학과 기지로 멋진 시를 지으며 늘 삿갓을 쓰고 다닌 방랑 시인 김삿갓 등 교과서에 실린 역사적 인물들 가운데 좀 더 알고 싶고 배우고 싶은 인물들의 이야기로 꾸며져 있습니다. 여러 가지 재미난 일화뿐만 아니라 인물과 관련된 유산이나 유적지에 대한 소개를 컬러 사진들과 함께 풍성하게 구성하였습니다.

또한 책을 보는 것에 그치지 않고 《인물유산이 들려주는 숨은 이야기》에 등장하는 인물들의 삶이나 일화와 관련된 유적지를 방문해 본다면, 책에서 본 것과 실제가 무엇이 같고 다른지, 그 차이점을 발견하게 될 수도 있을 것입니다. 현장을 직접 방문하고 경험함으로써 인물들을 더욱 가깝게 느끼고 이해할 수 있는 기회가 될 것이며, 그 생생한 경험이 오래도록 가슴에 남을 것입니다. 그리고 이러한 산 경험과 지식은 앞으로 삶을 살아가는 데에 소중한 가르침이자 밑거름으로 작용하여, 어려움에 처하게 되었을 때도 그것을 극복하는 데에 희망의 이정표가 되어 줄 것입니다.

재미있게 마음으로 읽고, 이 책에 등장하는 유적지에 직접 가 보면서 살아 있는 역사를 가슴속에 새기기를 바랍니다.

정인수 씀

인물유산이 들려주는 숨은 이야기

차례

책머리에 _ 4

국난 극복의 명재상 류성룡 _ 11

학문이 깊은 소통의 달인 _ 15
미친 숙부 덕에 임진왜란을 대비하다 _ 18
총사령관이 되어 국난을 극복하다 _ 20
《징비록》 집필, 충효의 가훈 남겨 _ 21

대구 서씨를 명문가로 만든 고성 이씨 부인 _ 27

남편의 죽음으로 한양으로 이사하다 _ 31
명문가의 기틀을 마련하다 _ 34
3대 재상과 대제학을 배출한 약봉가 _ 37

민족의 영웅 이순신 장군 _ 41

전쟁놀이를 하던 꼬마대장 _ 45
불의와 타협하지 않는 강직한 성품 _ 46
첫 번째 백의종군 _ 47
왜군을 무찌르고 삼도수군통제사에 오르다 _ 49
정유재란의 발발, 두사충과의 인연 _ 51
명량대첩으로 임진왜란을 끝내다 _ 53
이순신의 묘와 유물들 _ 56

국난 극복의 충신 이항복 _ 61

유머가 넘치는 아이 _ 65
정여립 모반 사건을 해결하고 평난공신이 되다 _ 68
위기에 더욱 빛난 이항복 _ 70
조선 최고의 재치꾼 _ 72
유배지에서 맞은 임종 _ 74

임진왜란 구국의 명신 이덕형 _ 79

오성 이항복과 함께 공부하다 _ 83
임진왜란 때 능력을 발휘하다 _ 84
공신을 사양한 명신 _ 86
쓸쓸한 죽음 _ 88

붓으로 나라를 지킨 문장가 이정구 _ 93

붓 한 자루로 나라를 구하다 _ 96
이항복은 백사, 이정구는 월사 _ 99
청빈하게 산 이정구 부부 _ 101
병자호란 풍파를 겪은 이정구 가문 _ 102
조선 최고의 가문이 된 까닭 _ 104

조선 최고의 시인 윤선도 _ 109

유배 떠나는 성균관 유생 _ 113
신선처럼 살았던 은거생활 _ 115
유배생활만 20여 년 _ 118
가난한 이들을 돕고 명당에 묻히다 _ 120
보물이 가득한 해남 윤씨 종가 녹우당 _ 121

송자로 불린 대학자 송시열 _ 125

공자와 맹자의 학문은 이제 동방으로 왔노라 _ 128
예송 문제로 당파 싸움 주도하다 _ 130
사후에 국가의 스승 송자가 되다 _ 132

가난한 백성들의 영웅 암행어사 박문수 _ 139

암행어사 이야기 _ 145
실록에도 나오는 어사 박문수 이야기 _ 147
백성들의 삶을 우선시한 정치가 _ 149
병천 시장을 세우고 은석산에 묻히다 _ 150

국가 발전의 초석을 이룬 명재상 채제공 _ 155

가난했지만 남달랐던 어린 시절 _ 158
3대를 모신 명재상 _ 160
정조대왕을 도와 국가 개혁 시작 _ 161
수원 화성을 완성하다 _ 164
죽어서도 정조대왕을 도운 채제공 _ 166

부강한 나라를 꿈꾼 실학자 정약용 _ 171

정조대왕의 신임으로 초고속 승진 _ 174
당쟁으로 희생당한 정약용 _ 177
죽음의 고비를 넘기고 _ 179
유배지에서 실학을 완성하다 _ 181
자찬묘지명과 죽음 _ 186

조선 최고의 명필 김정희 _ 189

해동 제일의 문장 _ 193
안동 김씨 모함으로 제주도로 유배를 가다 _ 195
유배지에서 완성한 추사체와 〈세한도〉 _ 196
과지초당과 봉은사에서 말년을 보내다 _ 199
고국으로 돌아온 〈세한도〉 _ 204

삿갓 쓴 방랑 시인 김병연 _ 207

할아버지를 욕하는 시로 장원급제하다 _ 211
해학과 재치가 뛰어난 방랑 시인 _ 212
백성들의 한을 풀어 준 김삿갓 _ 214
화순의 적벽에 반하다 _ 217

부록 _ 223

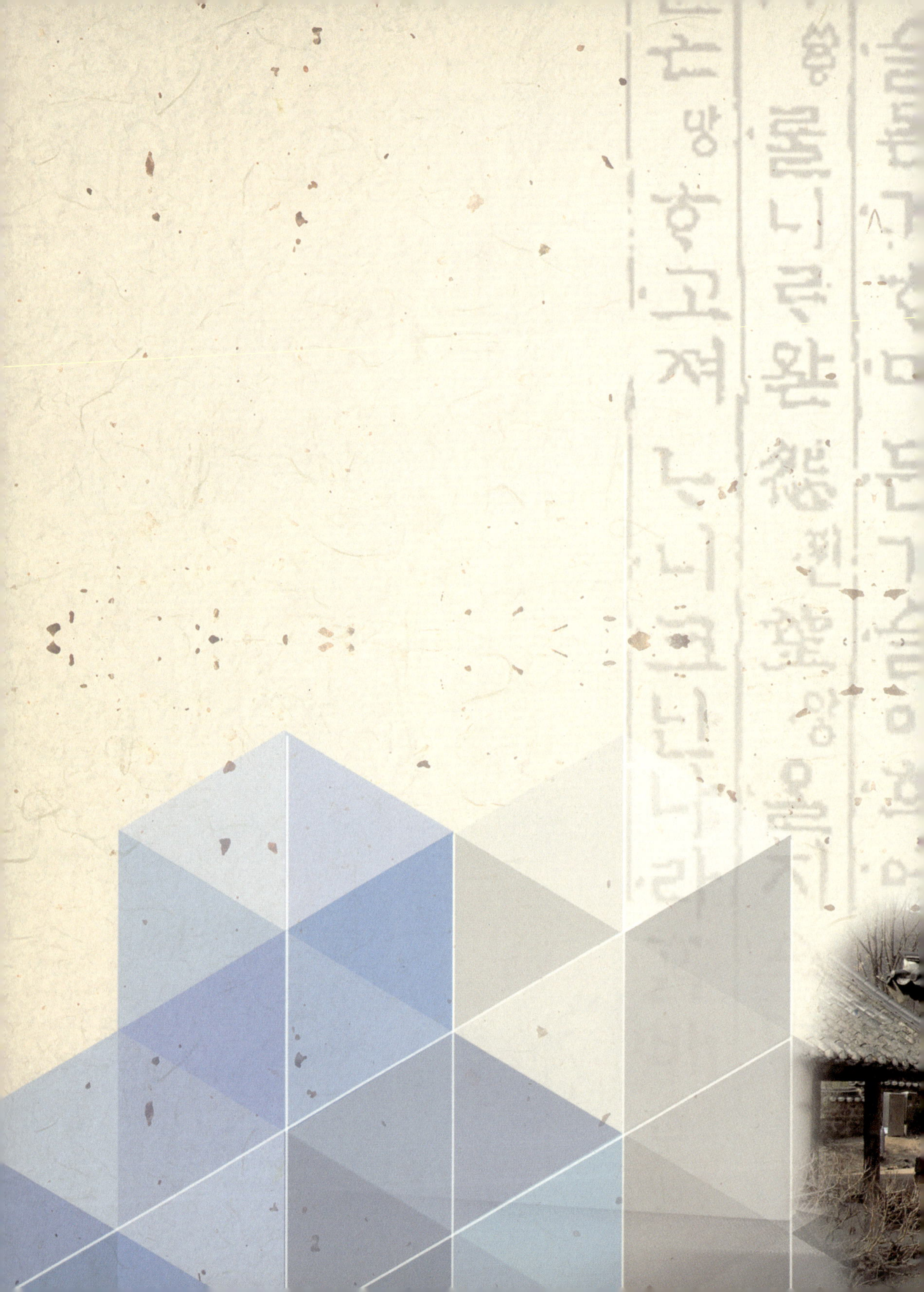

국난 극복의 명재상 류성룡

임진왜란 때 이순신 장군과 권율 장군이 전쟁터에서 나라를 구하였다면, 류성룡은 조정에서 나라를 구한 재상입니다. 임금을 잘 보필하며 명나라에 구원군을 요청하였고, 이순신과 권율을 장군으로 천거하였습니다. 청백리이면서도 학문에 뛰어나 많은 이들로부터 존경을 받은 류성룡은 과연 어떤 일을 하였을까요?

국난 극복의 명재상 류성룡

경상도 풍산에 살던 류종혜는 새로운 터전을 찾던 중 하회마을에 집을 짓기로 하였습니다. 이미 그곳에 정착하고 있는 허씨와 안씨의 터전을 피해 강이 가까운 곳에 집을 짓는데, 아무리 기둥을 세우려고 해도 무너지는 것이었습니다.

실망하고 있던 어느 날, 류종혜의 꿈에 한 할머니가 나타났습니다.

"그곳은 네가 집을 지을 곳이 못 된다. 꼭 짓고 싶으면 3년 동안 활만인(活萬人)을 하도록 해라."

류성룡의 초상화

활만인이란 '만 명을 살린다.'는 말입니다.

류종혜는 다음 날 하회마을로 넘어오는 고개에 오두막을 짓고 오가는 사람들에게 먹을 것도 주고 짚신도 삼아 주었습니다. 그렇게 하기를 3년, 결국 만 명에게 선행을 베풀 수 있었습니다. 류종혜는 그 뒤 다시 집을 지었는

풍산 류씨 집성촌인 하회마을(경상북도 안동시 풍천면 하회리에 있는 민속 마을)

데, 이번에는 기둥이 무너지지 않았습니다. 현재 안동 하회마을에 있는 풍산 류씨 종가인 양진당(보물 제306호)의 사랑채 일부가 바로 600여 년 전 류종혜가 지은 것입니다.

류종혜는 또한 마을의 삼신당 옆에 느티나무를 심었는데, 지금도 마을 한가운데에 수호신처럼 서 있습니다. 이 나무를 심은 이유는 마을의 모습이 행주형(나아가는 배 모양)이라서 돛대가 필요하기 때문이라고 합니다.

좋은 곳에 집을 지어서인지 이후 풍산 류씨는 대대로 벼슬을 살았고, 류종혜의 6대손에 이르러 나라를 구한 큰 인물이 나오니 바로 류성룡(1542~1607)입니다.

학문이 깊은 소통의 달인

류성룡은 6세에 《대학》을 배울 정도로 신동이었습니다. 《대학》은 사서삼경 중 하나로 옛날 선비들이 배우던 교과서입니다. 이후 형 운룡과 함께 이황의 문하에 들어가 학문을 익혔습니다. 될성부른 나무는 떡잎부터 알아본다고 하듯 류성룡을 알아본 이황은 하늘이 내린 인재이니 반드시 큰 인물이 될 것이라고 하였습니다.

하회마을 풍산 류씨 입향조(어떤 마을에 맨 처음 터를 잡은 조상)인 류종혜가 심었다는 삼신당 느티나무

형 운룡은 벼슬보다는 학문의 길을 택했지만 류성룡은 23세에 초시에 합격하고, 25세에는 과거 시험에 급제하여 일찍 벼슬길에 올랐습니다. 아버지 류중영은 관직에 나아가는 류성룡에게 당부하였습니다.

"내가 일찍이 학문을 더욱 깊게 하고 싶었지만 외지에서 벼슬을 오래 하는 바람에 성과를 내지 못하였다. 너는 아직 젊고 갈 길도 머니, 나처럼 하지 말아야 한다."

벼슬을 살아도 학문을 게을리하지 말라는 뜻이었습니다. 류성룡은 아버지의 당부를 마음 깊이 새겼습니다.

관직에 진출한 류성룡은 여러 자리를 두루 거치며 승승장구하였습니다. 일 처리를 확실하게 하였을 뿐 아니라 학문도 뛰어나 많은 이들로부터 존경을 받았습니다.

'아침과 저녁 여가에는 학문에 힘써 종일토록 단정히 앉아 공부하였다. 붓을 잡고 글을 쓸 때에는 일필휘지하였으며 문장이 깨끗하면서도 멋있었다. 책을 많이 읽었는데, 한번 눈을 스치면 환히 알아 한 글자도 잊어버리지 않았다.'

《선조실록》에 나오는 류성룡에 대한 부분이다. 이 글을 보면 그가 아버지의 뜻을 얼마나 잘 새기고 실천하였는지를 알 수 있습니다. 여기에서 일필휘지란 글씨를 쉬지 않고 단번에 쓰는 것을 말합니다.

명나라에 사신으로 갔을 때에도 명나라 사람들이 '서애 선생'이라며 그의 학식과 인품을 칭찬하였습니다. 귀국 후에 그 사실이 알려지면서 류성룡은 더욱더 많은 사람들의 존경을 받았습니다.

류성룡은 또한 동료들 사이에서는 소통의 달인으로 통할 정도로 조정에서 골치 아픈 문제를 잘 풀었습니다.

홍문관 수찬(국왕의 문서를 작성하는 직책)으로 있을 때의 일입니다. 하루는 선조 임금이 류성룡과 김성일을 불렀습니다. 김성일은 류성룡과 함께 이황에게 배운 동문입니다. 선조 임금이 자신이 얼마나 임금의 역할을 잘하고 있는지 궁금해 물었습니다.

"나는 어떤 임금인가?"

바른말 잘하기로 소문이 난 김성일이 먼저 대답했습니다.

"요순과 같은 임금도 될 수 있지만 걸주와 같은 임금도 될 수 있습니다."

요순은 성군을 말하고, 걸주는 대표적인 폭군을 말합니다. 성군도 될 수

> **요순과 걸주**
> 요와 순은 중국 신화 시대에 태평성대를 이룬 성군으로, '요순 시대' 하면 백성들이 살기에 가장 좋은 시대를 말한다. 이에 비해 걸주는 하나라 걸왕과 은나라 주왕을 가리키는 말로 폭군을 말한다.

풍산 류씨 종가인 양진당(경상북도 안동시 풍천면). 입암고택이라는 편액에 쓰여 있는 '입암(立巖)'은 류성룡의 아버지인 류중영의 호이다.

있지만 폭군도 될 수 있다는 말에 선조 임금은 화가 났고, 삽시간에 분위기가 싸늘해지고 말았습니다. 이때 류성룡이 나섰습니다.

"걸주 같은 임금도 될 수 있다는 뜻은 걸주 같은 임금이 되어서는 안 된다는 말입니다."

그제야 선조 임금은 환하게 웃으며 술상을 가져오라고 외쳤습니다. 류성룡 덕분에 김성일은 화를 면할 수 있었습니다.

류성룡은 관직에 나가서도 총명하여 부제학, 관찰사, 대제학, 대사헌, 병조 판서 등 높은 자리를 두루두루 거쳤고, 1590년에는 우의정으로 재상에 올랐습니다. 재상이 된 류성룡은 많은 인재를 추천해 나라를 부강하게 하려고 하였습니다. 특히 이순신과 권율을 각각 전라도 좌수사와 의주 목사에 천거하여 외적의 침입에 대비하였습니다. 이때 이순신을 정읍 현감에서 여섯 단계나 승진시킨 것입니다. 여기에는 숨어 있는 이야기가 전합니다.

미친 숙부 덕에 임진왜란을 대비하다

류성룡이 일을 마치고 집에서 쉬고 있을 때 겸암이라는 숙부가 찾아왔습니다. 배운 것은 많으나 초가집 하나 덜렁 지어 놓고 평소 꾀죄죄하게 살아서 친척들은 그를 미친 사람 취급하고 있었습니다. 류성룡과 같은 항렬에서도 치숙이라고 불렀는데, 치숙은 '어리석은 아저씨' 또는 '미친 아저씨'라는 말입니다.

"조카, 바둑이나 한 수 둘까?"

치숙은 다짜고짜 바둑을 두자고 하는 것이었습니다. 류성룡은 웃어른의 청이니 마지못해 바둑판을 가져왔습니다. 당시 류성룡은 조선에서는 적수가 없을 정도로 바둑 고수였습니다. 하지만 놀랍게도 류성룡은 치숙에게 내리 세 판이나 지고 말았습니다. 류성룡은 무릎을 꿇었습니다.

"숙부님, 저를 가르쳐 주십시오."

하지만 치숙은 동문서답을 하였습니다.

"곧 어떤 스님이 자네를 찾아올 것이니 무조건 뒷산에 있는 암자로 보내게."

그날 저녁 치숙의 말대로 한 스님이 류성룡을 찾아왔습니다.

"길이 늦었사오니 하룻밤만 재워 주십시오, 대감!"

스님의 말을 들은 류성룡은 집에 일이 있으니 안 된다며 치숙이 거처하는 뒷산 암자로 보냈습니다.

치숙은 스님이 오자, 술을 먹여 곯아떨어지게 한 후 바랑(불교 용어로, 승려가 등에 지고 다니는 자루 모양의 큰 주머니)을 열어 보았습니다. 바랑 안에는 조선의 지도와 칼 등이 들어 있었습니다. 치숙은 칼을 들고 스님을 깨웠습니다.

"네 이놈, 네 죄를 네가 알렷다. 네가 이 나라에 인물이 없는 줄 알고 함부로 다니며 이 땅을 유린하려고 하느냐! 조선의 국경과 요새, 성문 등등을 기록한 이것은 무엇이냐?"

치숙의 호통에 놀란 스님은 목숨만을 살려 달라며 실토했습니다.

"도요토미 히데요시의 명에 따라 장차 조선을 치는 데 걸림돌이 될 류성룡을 죽이러 왔습니다. 목숨만 살려 주신다면 은혜를 잊지 않겠습니다."

그러자 치숙은 준엄하게 꾸짖었습니다.

"너를 죽여 무엇하겠느냐. 조선 7년 재액은 하늘이 정한 것이거늘. 하지만 네놈들이 이 안동 땅에 발을 들여놓는다면 한 놈도 살려 두지 않겠다."

간신히 목숨을 건진 왜의 첩자는 일본으로 돌아가 도요토미 히데요시에게 안동에서 겪은 일을 말했습니다. 이에 도요토미 히데요시는 크게 놀라며, 안동 일대에는 절대 발을 들여놓지 말라는 명령을 내렸다고 합니다. 임진왜란 때 조선 땅이 만신창이가 되었어도 안동만은 피해가 적었는데, 이것은 모두 류성룡의 미친 숙부 때문이라고 합니다.

한편, 스님을 치숙의 암자로 보낸 류성룡은 다음 날 치숙이 궁금해 찾아갔습니다. 치숙으로부터 자초지종을 들어 보니 놀라운 일이었습니다.

"정녕 임진년에 왜놈들이 쳐들어온다면 어찌 대비해야 합니까?"

류성룡의 질문에 치숙은 고개를 가로저었습니다.

"내가 그걸 알면 여기 앉아 있겠나!"

집에 돌아온 류성룡은 나라 걱정이 되어 다음 날 치숙을 다시 찾았습니다. 하지만 치숙은 암호 같은 쪽지만 남겨 놓고 사라진 후였습니다.

'수리지권(水李地權) 도강불환(渡江不還)'

그 수수께끼는 곧 풀렸습니다. '수리지권'은 물에는 이순신을, 땅에는 권율을 임명하라는 뜻이었습니다. '도강불환'은 임진왜란이 일어난 뒤 그 수수께끼가 밝혀집니다.

총사령관이 되어 국난을 극복하다

1592년 4월 13일 결국 임진왜란이 일어났습니다. 류성룡은 영의정에 올라 병조 판서와 4도의 도찰체사를 겸하며 국가 위기를 극복할 막중한 임무를 받았습니다. 도찰체사란 국가 위기 시에 임시로 맡는 총사령관입니다. 왜군이 순식간에 내륙을 휩쓸어 오자, 류성룡은 선조 임금을 모시고 의주로 피난했습니다.

선조 임금은 의주에서 압록강을 건너 만주로 가고자 하였을 때, 류성룡은 치숙이 남긴 '도강불환'이라는 글이 번쩍 하고 떠올랐습니다. '도강불환'은 강을 건너면 돌아오지 못한다는 뜻입니다. 류성룡은 압록강을 건너려는 선조 임금을 극구 말렸습니다.

"강을 건너면 다시는 돌아오지 못하옵니다. 종묘사직이 끝나는 길이옵니다."

류성룡은 대신 이항복과 이덕형으로 하여금 명나라에 원군을 요청하게 하였습니다. 다행히 이여송이 원군을 이끌고 와 평양성을 수복할 수 있었습니다. 류성룡은 권율 장군에게 파주산성을 방어하게 하였고, 군대 양성과 함께 화포 등 무기를 제조하도록 하였습니다. 또한 성곽도 쌓도록 하였습니다.

한편, 바다에서는 이순신 장군이 맹활약하며 왜군의 보급로를 차단하여 전쟁이 소강 상태에 이르게 되었습니다. 왜군은 명나라와 화의를 요청하여 회의를 열었고, 그 사이 류성룡은 포수를 양성하기 위하여 훈련도감을 설치하는 등 전쟁이 재발하지 않도록 만반의 준비를 하였습니다. 이러한 류성룡을 보고 선조 임금은 크게 칭찬하였습니다.

"경은 금과 옥처럼 아름다운 선비로서, 그 마음에 품은 뜻을 저 태양에 묻는다고 해도 부끄럽지 않을 것임을 내가 이미 알고 있다."

전쟁이 누그러들자 이여송은 심심한 나머지 선조 임금에게 바둑을 두자고 제안하였습니다. 선조 임금은 바둑은 못 두지만 원군 대장이 부탁하니 사양할 수는 없었습니다. 이때 류성룡이 선조 임금에게 귓속말을 하였습니다.

"제가 가리키는 곳에 두시면 됩니다."

마침내 바둑이 시작되었습니다. 류성룡은 선조 임금의 머리 위에 받쳐 든 일산(햇빛 가리개용 우산)에 작은 구멍을 내고는 임금이 바둑알을 놓아야 할 곳에 햇빛이 비치도록 하였습니다. 스스로 바둑의 고수라고 여기던 이여송은 선조 임금이 뜻밖에도 바둑을 잘 두자 놀라웠습니다. 류성룡은 이여송의 체면을 생각하고 무승부로 처리하였는데, 그 덕에 기분이 좋아진 이여송은 다시 전열을 가다듬고 왜군을 물리치는 데 큰 공을 세웠습니다.

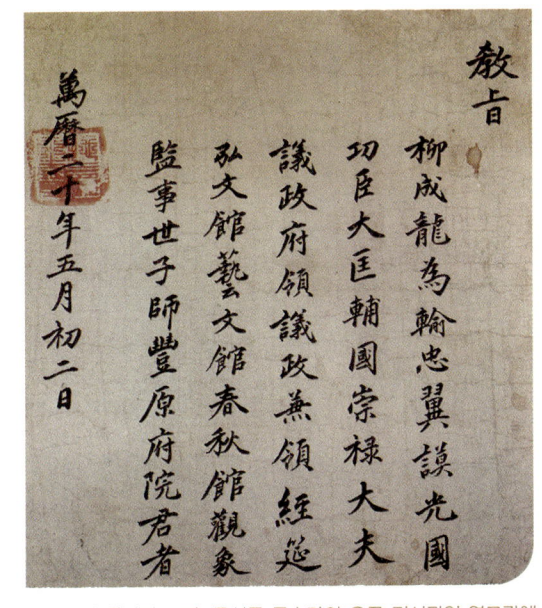

류성룡의 영의정 교지. 류성룡 종손가의 유물 전시관인 영모관에 전시되어 있다.

《징비록》 집필, 충효의 가훈 남겨

이렇듯 류성룡은 국가 위기에 더욱 힘을 발휘한 충신입니다. 하지만 전쟁이 소강 상태에 이른 1598년 예기치 못한 일이 일어났습니다. 명나라의 정응태라는 자가 조선이 일본과 연합하여 명나라를 공격할 계획이라며 명나라 황제에게 보고한 것입니다. 이덕형이 달려가서 해명하였지만 당파로 나뉜 조정의 신하들은 류성룡을 거칠게 몰아붙였습니다. 결국 류성룡은 관직을 잃고 하회마을로 돌아가야 했습니다.

그 후 류성룡은 임진왜란 때의 상황을 기록한 《징비록》이라는 책을 쓰는데 온 힘을 기울였습니다. 나라에서는 여러 차례 그에게 벼슬을 내렸지만, 나서지 않다가 1607년 66세로 숨을 거두었습니다. 임종하기 직전 자손들이 모이자 이 한마디를 남겼습니다.

"충효 이외에 힘쓸 일은 없다."

나라에 충성하고 부모에게 효도하는 것이 사람으로서 가장 큰 도리라는 말입니다. 충효는 이후 류성룡 후손들에게 가훈이 되었습니다.

청백리이자 명재상으로 나라를 구한 그가 서거하자, 많은 이들이 슬픔에 잠겼습니다. 제자인 정경세(당시 대제학)는 류성룡이 누린 벼슬을 바탕으로 행장을 지었습니다.

'스승의 재능으로는 온갖 실무를 처리하기에 넉넉하였고, 학문으로도 세상을 다스려 백성들을 구제하기에 넉넉하였다.'

'행장'이란 고인의 지인들이 고인에 대한 말과 행동을 적은 글을 말합니다.

> 《징비록(懲毖錄)》(국보 제132호)
> 임진왜란을 기록한 글로, 다시는 임진왜란 같은 참혹한 일이 일어나지 않게 하기 위하여 쓴 것이다. '징비(懲毖)'란 미리 대비하여 후환을 경계한다는 의미이다. 이 책은 후에 일본에도 전해졌는데, 숙종 임금은 이를 알고 이 책이 일본으로 수출되는 것을 금했다고 한다.

안동 풍산읍에 있는 류성룡의 묘(경상북도 안동시 풍산읍 수리)는 재상의 묘답지 않게 단출하다.

　나라에서는 류성룡에게 문충이라는 시호를 내렸으며, 묘는 경상북도 안동시 풍산읍 수리에 있는 마을 뒷산에 마련되었습니다. 현재 묘지에는 '예장을 하지 말고 타인에게 묘비 문을 청해 비에 새기지 말라'는 그의 유언처럼 신도비 하나 세워져 있지 않습니다. 살았을 때처럼 죽어서도 청백리가 분명합니다. 단지 수동재사라고 하여 제사 준비를 하는 집은 남아 있습니다. 이 재실은 류성룡이 죽은 후 4년이 지나 포우라는 스님의 도움을 받아 지은 것으로 현재 경북민속자료 제127호로 지정되어 있습니다.

　한편, 제자 정경세는 지역 유림들과 함께 류성룡의 업적과 학문을 추모하는 존덕사를 지었는데, 현재 하회마을에서 가까운 병산리에 있는 병산서원(사적 제260호)이 그곳입니다. 병산이라는 명칭은 이 서원 건너편 바위 절벽에서 유래하는데, 철종 임금 때 나라에서 내린 것입니다. 이렇게 나라에서 이름을 내린 서원을 사액서원이라고 부릅니다. 병산서원은 우리나라 사원 건

류성룡의 위패를 모신 병산서원(경상북도 안동시 풍천면)

축의 백미로 불릴 정도로 공간의 배치가 매우 뛰어납니다.

그리고 류성룡이 죽은 후 수십 년이 지나 손자 류원지가 가훈에 따라 하회마을에 새로이 집을 지으니 이것이 충효당(보물 제414호)입니다. 하회마을을 탐방하는 이들은 충효당을 류성룡이 살았던 집으로 생각하기 쉽지만 손자와 증손자 때에 지어진 집입니다. 또 류성룡이 《징비록》을 저술한 곳도 이곳으로 생각하

류성룡 종손가인 충효당의 편액. 글씨는 숙종 때 영의정을 지낸 허목이 썼다.

병산서원의 만대루(경상북도 경산시 하양읍 부호리)

나, 하회마을 강 건너에 병풍처럼 둘러쳐진 부용대 아래에 있는 옥연정사가 그곳입니다. 충효당에 걸려 있는 편액은 숙종 임금 때 우의정을 지낸 허목이 썼습니다. 전서체로 써서 그 멋이 유려합니다.

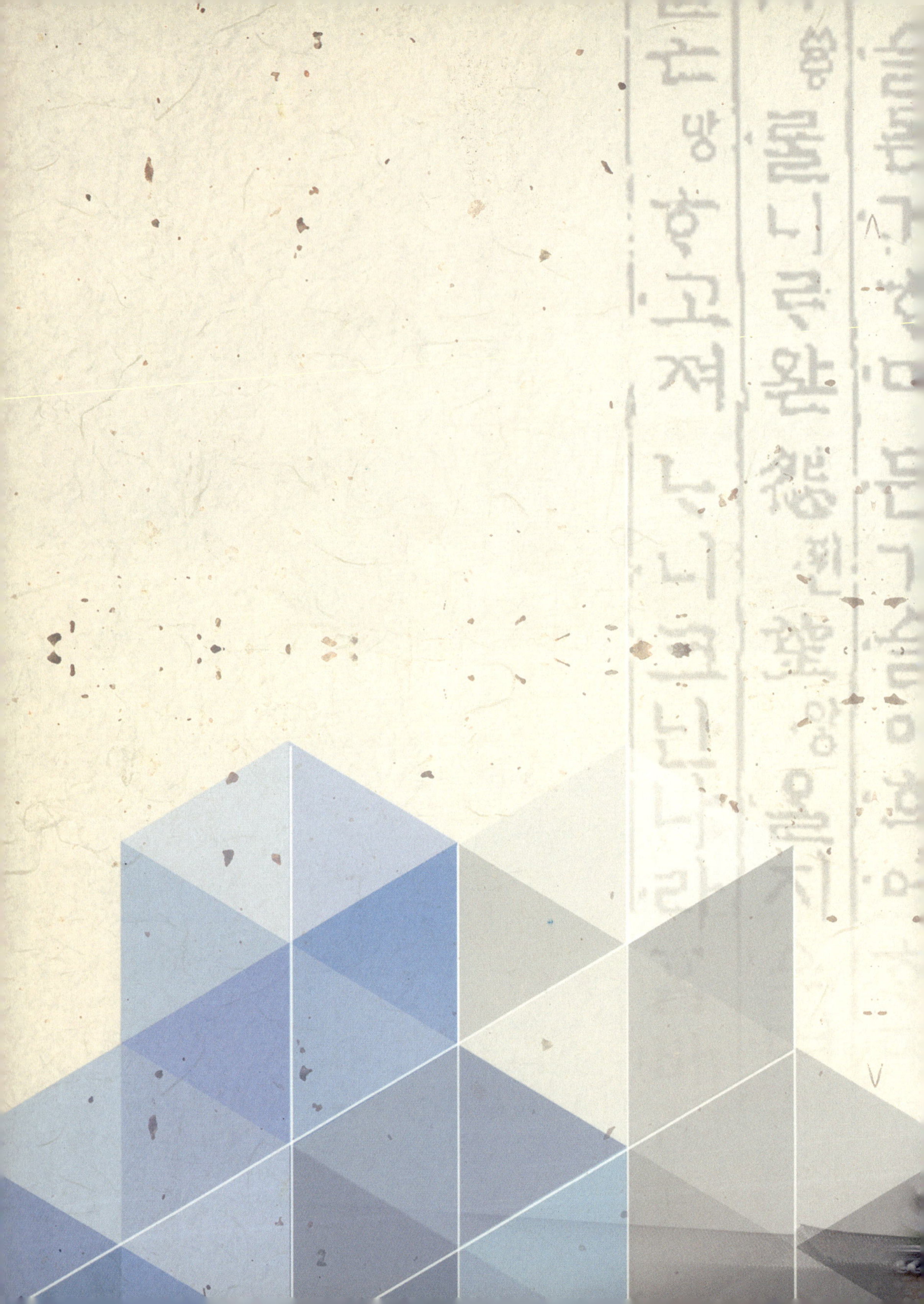

대구 서씨를 명문가로 만든 고성 이씨 부인

현모양처의 모범이라면 신사임당을 떠올리지만 그에 못지않은 이들도 많으니 대구 서씨를 명문가로 발돋움하게 한 고성 이씨 부인도 현모양처라 할 만합니다. 시각장애인으로서 대구 서씨 가문에 시집을 와서 남편을 일찍 여의었지만, 오로지 가문을 일으키자는 한마음으로 평생을 노력하여 3대 재상과 대제학을 배출한 명가를 이루어낸 고성 이씨 부인에 대해 알아볼까요?

대구 서씨를 명문가로 만든 고성 이씨 부인

이황 선생이 책을 읽고 있는데, 누군가가 찾아왔습니다.

"퇴계 선생님, 저는 탑동의 고성 이가입니다. 우리 집안 이고의 딸 혼처를 구하고자 무례하게 선생을 뵈러 왔습니다."

이황은 고성 이씨라는 말에 고개를 끄덕였습니다. 고성 이씨 탑동파는 안동에서는 둘째가라면 서러워할 만큼 뼈대가 있는 집안이었기 때문입니다. 영산 현감을 지낸 이증 때부터 안동에 문중을 이루며 살아왔는데, 이증은 세종대왕 때 좌의정을 지낸 이원의 아들입니다.

"알겠습니다. 내 꼭 마련해 보겠소."

그렇게 대답하고 곰곰이 생각해 보니 서해(1537~1559)가 가장 먼저 머리에 떠올랐습니다. 이제 18세의 나이이니 결혼할 때도 되었고, 학문과 문장을 갖춰 장차 큰 인물이 될 것이 분명했기 때문입니다. 이황은 서해가 자신의 후계자가 될 것이라고 굳게 믿고 있었습니다.

그리하여 혼담이 오고 갔고, 결혼하는 날 서해는 나귀를 타고 신부 집으로 향하였습니다. 신부 집이 있는 곳은 안동의 일직면 망호리로 고성 이씨 탑동파 종가가 있는 법흥동에서 그리 멀지 않은 곳입니다. 도중에 주막에

서성이 태어난 소호헌(경상북도 안동시 일직면 망호리)

들러 잠시 쉬는데 주모가 궁금해하며 물었습니다.

"뉘 집으로 장가를 드시는 것입니까?"

나귀를 끌던 하인이 "고성 이씨네라우."라고 대답하자 주모는 쯧쯧 하고 혀를 차는 것이었습니다. 그러고는 부엌으로 들어가며 중얼거렸습니다.

"신랑이 참으로 아깝네. 신부가 장님이라는데……."

이 말에 함께 온 신랑의 친척들은 술렁거리기 시작했습니다. 만일 그것이 사실이라면 신부 측이 신랑 측을 속인 것이니 이번 결혼은 무효라고 쑤군거렸습니다.

> **소호헌**(보물 제475호)
> 고성 이씨 부인의 아버지이며 청풍 군수를 지낸 이고의 별당으로, 이고가 사위인 서해에게 물려주었다고 한다. 소호헌의 동쪽 건물이 이씨 부인의 아들인 서성의 태실이다.

주모의 말은 사실이었습니다. 신부가 될 여인은 6세에 홍역을 앓아 눈이 멀었으며, 부모가 일찍 죽어 어릴 적부터 친척 집에 얹혀살고 있었습니다. 그 사실이 드러나자 신랑 친척들은 결혼식에 가지 말고

서성이 태어난 방인 약봉태실(藥峯胎室)의 현판

집으로 돌아가자고 하였습니다. 이때 듣고만 있던 서해가 말하였습니다.

"혼례를 이미 하기로 약속하였으니 혼례를 치르겠습니다. 더구나 이 마당에 내가 아니면 누가 맹인인 처녀에게 장가를 들겠습니까!"

결국 서해는 고성 이씨와 결혼하였고, 몇 년 후 고성 이씨(1539~1615)가 아들인 서성(1558~1631)을 낳았습니다. 고성 이씨는 무남독녀였으므로 처가의 재산을 상속받았는데, 그중 별당인 소호헌은 오늘날까지 전해져 보물 제475호로 지정되어 있습니다. 현재 소호헌에는 서성을 낳은 방이 있는데, 서성의 호를 붙여 약봉태실이라고 부릅니다.

남편의 죽음으로 한양으로 이사하다

그러나 고성 이씨에게 불행이 다가왔습니다. 남편 서해가 서성을 낳은 지 1년 만에 죽은 것입니다. 고성 이씨는 자신도 남편을 따라 죽고 싶었지만 어린 아들을 두고 차마 죽을 수는 없었습니다. 오히려 그녀는 아들을 잘 키우는 것만이 자신을 아껴 준 남편에 대한 도리라는 생각으로 열심히 살기로 마음을 먹었습니다.

고성 이씨는 우선 집을 정리하고 서해의 형인 서엄을 찾아갔습니다. 서엄은 한양의 약현에 살고 있었는데, 고성 이씨는 아들의 교육을 서엄에게 맡

약과와 약주는 고성 이씨가 만들던 과자와 술에서 유래한다.

기고 자신은 술과 과자를 만들어 팔았습니다. 고성 이씨가 만든 술과 과자는 맛이 좋아 큰 인기를 끌었고, 마침내 궁궐에까지 소문이 나 임금에게까지 알려졌습니다. 임금은 술과 과자를 맛보더니 "술은 약주라 하고, 과자는 약과라 하여라." 하고 이름을 지어 주었습니다. 어른들은 술을 마실 때 흔히 "약주나 한잔 하자."고 하는데, 약주란 바로 고성 이씨가 만든 술에서 유래하며, 또 오늘날 전통 과자의 하나인 약과 역시 고성 이씨가 처음으로 만든 것입니다.

한양에서 자리를 잡자 고성 이씨는 큰 집을 짓고자 하였습니다. 모두 28칸에 대청마루만 해도 12칸이나 되는 대궐 같은 집을 짓기 시작하자, 한 친척이 궁금해 물었습니다.

"아들과 단둘이 사는데 왜 이렇게 큰 집을 짓는가?"

이에 고성 이씨는 대답했습니다.

"지금은 클지 모르지만 몇십 년이 지나면 작을 것입니다. 내 제사를 치를 때는 대청도 좁을 것이고, 손자들이 살 때가 되면 더 넓혀야 할 겁니다."

고성 이씨는 집을 지을 때 일일이 점검하였습니다. 비록 눈이 멀어 보이지는 않지만 처마에서 떨어지는 낙숫물 소리로 집 규모를 알 수 있었고, 기둥을 만져 보아서 거꾸로 세워진 것이 있으면 바로 세우도록 했습니다.

고성 이씨가 혼자의 몸으로 대궐 같은 집을 지을 수 있었던 것은 한양으로 이사를 올 때 정리한 재산이 많이 남아 있었기 때문입니다. 당시 고성 이씨는 재산의 3분의 1은 큰집인 임청각에 주고, 3분의 1은 노비들에게 나누어 주었으며, 나머지 3분의 1을 챙겨 왔다고 전합니다.

훗날 고성 이씨가 70세가 되었을 때에는 자신의 말대로 손자와 증손자 등이 많아져 집 안에 사람들이 가득했습니다. 또한 아들과 손자들 모두 벼슬길에 올라 다복한 말년을 보낼 수 있었습니다.

서성의 집이 있던 곳에는 현재 약현 성당(서울 중구 중림동)이 자리 잡고 있다. 약현 성당은 1892년 우리나라 최초로 지어진 서양식 성당이다.

> 🔍 **임청각**(보물 제182호)
>
> 세종대왕 때 재상을 지낸 이원의 손자 이명이 세운 고성 이씨 종가(경상북도 안동시 법흥동)이다. 임청각이라는 당호는 도연명의 〈귀거래사〉에서 따온 것이며, 대청에는 이현보, 이항복 등의 시가 걸려 있고, 임청각 현판은 이황의 친필로 쓰여 있다.

명문가의 기틀을 마련하다

자손이 번창할 만한 큰 집을 지은 고성 이씨는 이번에는 조상 묘를 살펴보았습니다. 남편 서해는 물론 서해의 형 서대, 시아버지 서고 등이 10여 년 사이에 모두 죽은 것은 예사롭지 않은 일입니다. 서대는 자녀를 두지 못한 채 20세에 요절하였고, 예조 참의를 지낸 서고는 명나라에 사신으로 갔다 오는 도중에 객사를 하였습니다. 고성 이씨는 이러한 흉사가 조상 묘를 잘못 써서 생긴 일이라고 여기고 우선 서고의 유골을 수습하러 나섰습니다.

어린 서성을 업고 북쪽 지방으로 가 서고의 유골을 수습하여 안동으로 내려가던 중 포천에서 날이 저물어 하루 묵을 곳을 찾았습니다. 그때 갑자기 환청이 들리는 듯하더니 눈앞에 커다란 기와집이 보여 집주인에게 사정

경기도 포천시 설운동에 있는 서성의 조부모와 부모의 묘. 부모의 묘가 조부모의 묘보다 위에 있는데, 이를 역장이라 한다.

을 말하고 하룻밤을 묵었습니다. 다음 날 아침 눈을 떠 보니 기와집은 온데간데없고 야트막한 산자락에 자신과 서성이 누워 있는 것이었습니다.

고성 이씨는 이상하게 여기고 다시 길을 떠나려 하였지만 이번에는 유골을 넣은 함이 꿈쩍도 하지 않았습니다. 이에 고성 이씨는 시아버지가 그곳에 묻히고 싶어 하는 것 같다고 판단하여 그곳에 묘를 썼습니다. 또한 훗날 안동에 있는 서해의 묘도 그곳으로 이장을 하니 대구 서씨 선산이 되었습니다.

조상의 묘를 잘 쓰면 후손들이 잘 산다고 합니다. 고성 이씨가 시아버지의 묘를 잘 썼는지 아들 서성은 어려서부터 공부를 꽤 잘하였습니다. 처음에는 큰아버지인 서엄에게 글을 배웠으나 좀 더 성장한 후에는 율곡 선생과 송익필의 문하에 들어가 본격적으로 학문을 닦았습니다. 그리고 마침내 1586년에 과거 시험에 급제하여 벼슬길에 나섰는데, 당시 조정은 율곡의 제자들이 많아 승승장구할 수 있었습니다.

서성은 임진왜란이 일어나자 임해군과 순화군을 보필하는 중책을 맡아 함경도로 피난을 갔는데, 국경인이라는 자의 밀고로 왕자들과 함께 왜군에게 포로로 잡히고 말았습니다. 그러나 홀로 탈출하여 함경도 지역에서 의병을 일으킨 정문

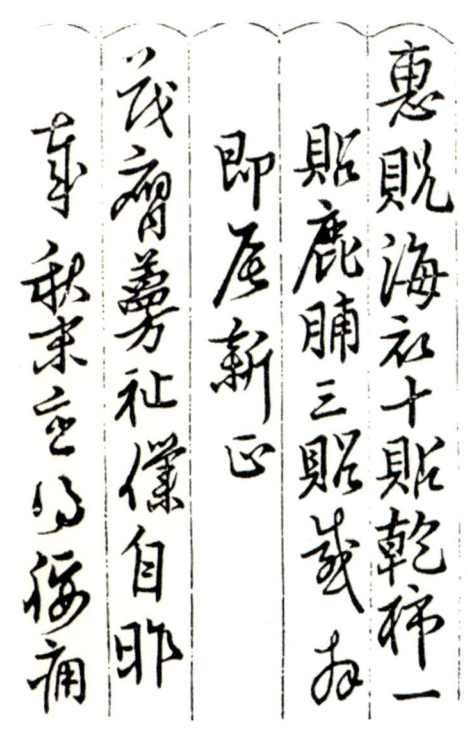

서성의 친필(《명가필보》에서)

대구 서씨 선영 근처에 있는 서성의 종가와 사당. 1900년대 초에 서울 약현에서 옮겨 와 새로 지었다고 전한다.

부 장군을 찾아가 왕자들이 포로로 끌려가고 있다는 사실을 알리고, 자신도 의병에 가담하여 전쟁터로 나가 두 왕자를 구하였습니다.

 이 사실이 조정에 보고되자, 선조 임금은 서성에게 푸짐하게 상을 내렸으나 서성은 모든 공을 정문부 장군에게 돌렸습니다. 이후 서성은 선조 임금의 두터운 신임을 받으며 승진을 거듭하여 경상감사에 올랐습니다. 경상감사로 일하며 옛 성을 수리하고 세상을 떠난 충신들에게 제사를 지내는 등 전쟁으로 흐트러진 민심을 수습하였으며, 강원감사로 임명되었을 때는 부서진 가옥들을 수리하고 왜적에게 쫓겨 온 양반집 여인들에게 음식을 나눠 주고 잠잘 곳을 마련해 주기도 했습니다. 이에 모든 사람들이 서성을 칭송하였으며, 이항복은 조선에 인재가 있느냐는 명나라 사신들의 물음에 거침없이 서성이 있다고 대답하였습니다. 또한 선조 임금도 당대 최고의 신하 일곱 명 중 한 명으로 서성을 꼽았습니다.

3대 재상과 대제학을 배출한 약봉가

서성은 광해군이 왕위에 오른 후에도 판서와 우참판, 개성유수 등을 역임하며 왕으로부터 신임을 받았습니다. 그러나 인목대비를 폐모시키자는 주장에 반대하다 광해군으로부터 미움을 샀습니다. 광해군은 서성을 직접 심문하였습니다.

"어찌하여 반역을 꾀하였는가?"

이에 서성이 대답하였습니다.

"저희 집안은 대대로 가난하여 지난 400년간 왕실과 인척이 된 적이 한 번도 없습니다. 또 남자들의 명은 대단히 짧으니 다른 누구와 관련될 수도 없고 모친은 장님인 데다가 요즘은 건강도 나빠졌으니 어머님 간호하느라 다른 겨를이 없사옵니다."

광해군도 서성이 결백한 것을 알았지만 대신들의 성화에 못 이겨 서성을 유배 보내야 했습니다. 서성은 충청도 단양과 경상도 영해, 강원도 원주 등지에서 11년간 유배생활을 해야 했습니다.

유배생활 중이던 1615년 고성 이씨 부인은 75세의 나이로 세상을 등지고 말았습니다. 묘는 경기도 포천시 설운동 대구 서씨 선산에 있는 남편의 묘 옆에 마련되었습니다.

서성은 1623년 인조 임금이 즉위한 이후 형조 판서로 복귀하여 대사헌에 올랐으며, 이괄의 난과 정묘호란 때에는 인조 임금을 호종하여 숭록대부에 올랐습니다. 숭록대부는 종1품으로 오늘날 부총리에 해당하는 벼슬입니다.

서성은 1631년 74세에 '장례는 간소하게 하라.'는 유언을 남기고 숨을 거두었습니다. 서성의 묘도 고성 이씨가 마련한 경기도 포천의 선산에 마련되었으며, 위패는 대구 구암서원에 모셔졌습니다. 인조 임금은 충숙이라는 시호를 내리며 영의정에 추증(나라에 공로가 있는 벼슬아치가 죽은 뒤에 품계를 주던 일)

서성의 묘(경기도 포천시 설운동)

하였습니다. 후에 후손들이 서성의 글을 모아 《약봉집》을 펴냈는데, 임진왜란과 병자호란 등 국가 위기를 겪을 때 관리로서의 입장을 잘 살펴볼 수 있는 자료입니다.

고성 이씨가 조상의 묘를 잘 써서인지 서성을 비롯한 자손들이 조선 최고의 명문가를 이루었습니다. 서성의 첫째 아들 서경우는 인조 임금 때 우의정에 올라 재상이 되었으며, 셋째 아들 서경빈은 과천현감, 넷째 아들 서경주는 선조의 부마(임금의 사위)가 되었습니다. 그 후로도 인물이 계속 나왔는데, 특히 3대 재상과 대제학이 동시에 배출되어 대구 서씨는 조선 최고의 명문으로 올라섰습니다. 3대 재상은 숙종 임금 때 영의정 서종태를 시작으로 그의 아들 서명균이 좌의정을, 그리고 서명균의 아들 서지수가 영의정을 지낸 것을 말하며, 3대 대제학은 서지수의 아들 서유신이 순조 임금 때 대제학을 지낸 것을 시작으로 서유신의 아들 서영보와 손자 서기순까지 연이어 대제학에 오른 것을 말합니다.

서성의 신도비 비각

이후 서성의 집안을 서성의 호를 따서 '약봉가(藥峯家)'라고 불렀습니다. 이렇게 대구 서씨를 조선 최고의 명문가로 만든 것은 바로 시각장애인이었

서성의 묘 아래에 있는 재실 현판

던 고성 이씨 부인이었으니 신사임당에 버금가는 어머니라고 할 만합니다.

🔍 서성의 묘 (경기도 기념물 제35호)

경기도 포천시 설운동 대구 서씨 약봉가 선영에 자리 잡고 있다. 서성은 물론 고성 이씨의 묘도 남편 서해의 묘 옆에 있다. 묘 좌측에는 종가가 있는데, 1900년대 초에 약현에서 이사하며 세운 것이다.

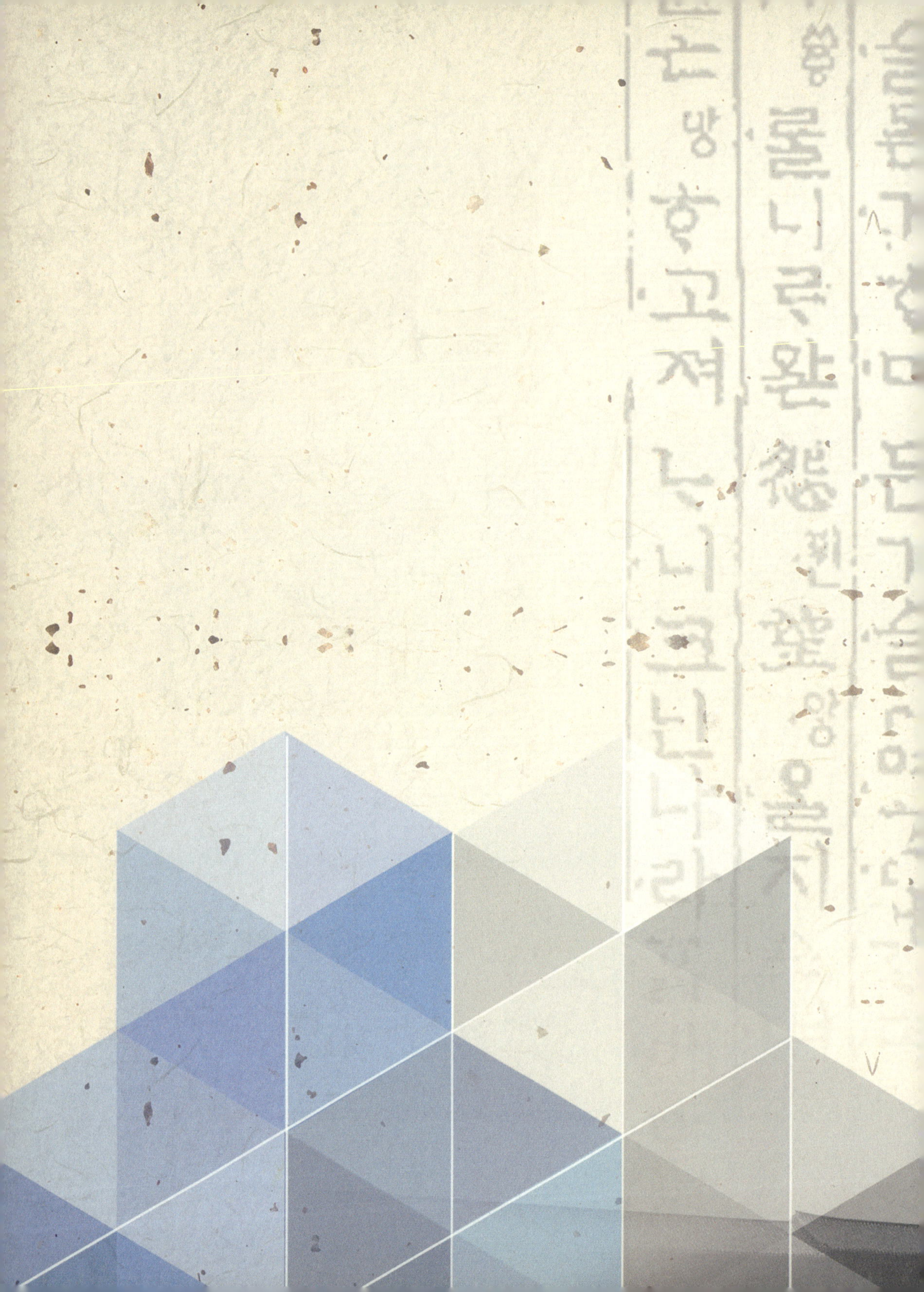

민족의 영웅 이순신 장군

이순신 장군은 우리나라 역사에서 가장 위대한 인물 중 한 명입니다. 임진왜란 때 불굴의 정신으로 나라를 구하여 '성웅'이라는 칭호를 받았습니다. 임진왜란 때 이순신 장군의 활약은 많이 알려져 있으나 어린 시절 등 그 외의 이야기는 잘 알려져 있지 않습니다. 과연 이순신 장군은 어떤 인물일까요?

민족의 영웅 이순신 장군

한양 건천동에 사는 이정의 아내 초계 변씨는 아기를 낳을 때가 다 된 어느 날 꿈을 꾸었습니다. 시아버지가 옥동자를 안고 나타나더니 "이 아이는 장래에 나라의 기둥이 될 것이다."라고 하는 것이었습니다. 변씨가 옥동자를 받아 안으며 꿈을 깼는데, 얼마 후 아기를 낳으니 과연 아들이었습니다.

"가만 있자, 이번엔 무슨 자더라?"

이정은 아기의 이름을 짓기 위하여 붓을 들었습니다. 이정은 부친 이백록이 일러 준 대로 아들들의 이름을 중국의 성군들의 이름에서 한 자씩 따서 지었는데, 큰아들은

이순신 장군의 초상화. 류성룡의 《징비록》에서 평한 그의 용모를 토대로 1953년 장우성 화백이 그렸다.

복희씨의 희, 둘째는 요임금의 요 자를 땄습니다.

"이번엔 순임금 차례이니, 순신이로구나."

순신은 바로 임진왜란 때 거북선으로 왜군을 물리치고 나라를 구한 성웅 이순신 장군(1545~1598)입니다.

이순신의 가문은 할아버지 이백록이 조광조와 가까운 관계여서 기묘사화로 젊을 때 죽었고,

이순신 생가 터 표석(서울특별시 중구 인현동)

아버지 이정 역시 생원에 합격하였으나 벼슬길에 나가지 않아 미미한 듯 보이지만 고려 말부터 조선 초까지는 대대로 높은 벼슬을 한 명문이었습니다. 특히 5대조 이변은 세종 때 대제학을 지내 가문을 빛냈습니다.

이순신은 아우인 우신까지 네 형제 중 가장 총명하고 영민하여 아버지의 사랑을 더 받았는데, 하루는 이정이 이순신이 얼마나 슬기로운지 시험해 보고 싶어 불렀습니다.

"네가 이 방에서 나를 마루로 나가게 할 수 있겠느냐?"

아버지의 말에 이순신은 잠깐 생각하더니 대답하였습니다.

"아버지가 방 안에 계시니 마루로 나오시게 하기는 극히 어렵지만 만일 아버지가 마루에 앉아 계시면 방 안으로 들어오시게 함은 쉬울 듯합니다. 쉬운 문제부터 풀어 보는 것이 어떻겠습니까?"

이정은 이순신의 말에 껄껄껄 하고 웃더니 마루에 나와 앉았습니다.

"자, 그럼 나를 방 안으로 들어가게 하여 보아라. 정말 쉬운 문제인가 보자."

순간 이순신은 손뼉을 치면서 말하였습니다.

"아버지가 방 안에서 마루로 나와 앉으셨으니 어려운 문제를 풀었나이다."

이정은 그때서야 "그렇구나!" 하며 환하게 웃었습니다.

전쟁놀이를 하던 꼬마대장

이순신은 어릴 때부터 아이들과 전쟁놀이를 즐겼습니다. 늘 대장이 되었는데, 지휘하는 데 법도가 있고 질서정연하여 함께 노는 아이들은 그의 명령에 조금도 거역하지 못하였습니다. 이순신의 이웃에 살던 류성룡은 《징비록》에 이순신의 어린 시절을 이렇게 기록하였습니다.

'이순신은 어린 시절 영특하고 활달했다. 다른 아이들과 모여 놀 때면 나무를 깎아 화살을 만들어 전쟁놀이를 했는데, 마음에 거슬리는 사람이 있으면 그 눈을 쏘려고 해 어른들도 감히 앞을 지나려고 하지 않았다. 특히 활을 잘 쏘았으나 글씨도 잘 썼다. 하지만 그는 문과보다는 무과에 급제하여 장군이 되는 것이 꿈이었다.'

그러나 아버지 이정은 이순신과 형제들에게 학문을 열심히 할 것을 강조하였습니다.

"대제학 정정공(이변의 시호)의 뒤를 이을 자손은 너희니 아무쪼록 글공부를 잘해서 입신양명하여 부모와 집안을 빛내라."

이순신은 아버지의 뜻에 따라 학문도 열심히 익혔는데, 14세에는 집 사랑채에 한문을 가르치는 교실을 열고 함께 놀던 아이들을 불러 모아 글공부를 시키기도 하였습니다. 골목대장이 훈장님이 되었던 것입니다.

그렇게 청소년기를 보내고 20세에 상주 방씨와 결혼하였는데, 이후에는 외가댁인 충청도 아산의 백암리에서 살았습니다. 바로 오늘날 현충사가 있는 곳입니다.

이순신은 28세에 훈련원 별과에 응시하였으나 말을 타고 실습을 하던 중 말이 넘어지는 바람에 떨어졌습니다. 당시 다리가 부러졌는데도 나무껍질을 벗겨내 다리를 싸매고 시험을 치렀습니다. 이후로도 몇 번 무관 시험을 보았으나 계속 낙방하다 32세 때 식년시 무과에서 병과로 급제하여 벼슬길에 나섰습니다.

불의와 타협하지 않는 강직한 성품

이순신이 처음 얻은 벼슬은 동구비보 권관(종9품)입니다. '동구비보'는 오늘날 함경도 삼수이며, '권관'은 변방을 지키는 수비대장을 이릅니다. 산도 험하고 위험하기 짝이 없는 국경에서 3년을 근무하고 훈련원 봉사로 임명되어 한양으로 올라왔습니다.

훈련원 봉사 시절, 상관인 병조정랑 서익이 자신과 가까운 사람을 특진시키려고 하자 이순신이 막았습니다. 병조정랑은 정5품, 봉사는 종8품이니 서익이 가만히 있지 않았습니다. 서익은 윗선에 말을 넣어 이순신을 충청도 절도사 군관으로 보냈습니다.

하지만 이 사건으로 인하여 이순신은 강직한 성품을 가진 사람으로 널리 알려졌고, 36세에 발포(현재 전라남도 고흥)의 수군만호로 특진까지 하게 되었습니다. 수군만호란 조선 시대 각 도에 설치된 수군의 수영에 속한 외직 무관으로 종4품 벼슬입니다. 이순신은 종8품에서 종4품으로 무려 여덟 단계나 승진한 것입니다. 그런데 그곳에서도 이순신은 철저하게 원칙을 지켜 전라좌수사 성박을 곤란하게 하였습니다.

어느 날 성박은 거문고를 만들려고 부하에게 객사 뒤에 있는 오동나무를 베어 오라고 시켰습니다. 부하가 오동나무를 베려 하자, 이순신이 가로막았습니다.

"이 나무는 관가의 나무이다. 심은 사람의 뜻이 있을 것인데 왜 베려 하느냐?"

그가 얼마나 원칙을 철저히 지키는 성품인지를 알 수 있는 일화입니다.

그렇게 강직한 성격 때문에 이순신은 늘 상관과 불편하게 지내야 했습니다. 특히 서익과는 질긴 악연이었습니다. 어느 날 서익은 군기경차관이 되어 이순신이 근무하는 발포에 와 병기 상태를 검사하였습니다. 서익은 이순신의 병기를 보고 제대로 보수하지 않는다는 보고를 조정에 올렸고, 이순신은 다시 훈련원 봉사로 강등되었습니다.

그러나 이즈음 이순신은 여러 사람들의 주목을 받고 있었습니다. 특히 이조 판서 이이는 이순신과 같은 가문(덕수 이씨)이므로 이순신을 만나 보고 싶었습니다. 이 이야기를 들은 이순신은 단호하게 말하였습니다.

"종씨 관계를 생각하면 나도 만나고 싶으나 율곡 선생에게 좋지 않은 영향을 끼칠까 두렵다."

그때 이순신이 주위의 눈치를 보지 않고 이이를 만났더라면 훨씬 빠르게 승진하였을 것입니다.

이순신은 이후 건원보(함경북도 경원군) 권관으로 발령받았는데, 여진족 우두머리를 생포하여 한 달 만에 훈련원 참군으로 승진하였습니다. 그러나 아버지 이정이 세상을 떠나 3년상을 치르고 사복시 주부로 복직하였습니다.

첫 번째 백의종군

이순신은 류성룡의 천거로 조산보(현재 함경북도 경흥) 만호로 특진하였으며, 두만강 하구에 있는 녹둔도(두만강 하류에 있던 섬)의 둔전관을 겸임했습니다. 당시 그곳은 여진족이 수시로 침입을 해 왔는데, 이를 막아 내기가 쉽지 않아 조정에 군사를 더 보내 줄 것을 요청하였습니다. 그러나 조정에서는 그의 요청을 묵살하였고, 결국 여진족의 침입을 받아 많은 사람들이 죽고 납치되는 상황이 발생했습니다. 이순신은 그때 경흥 부사인 이경록과 함께 적진에 들어가 백성 60여 명을 구출해 냈습니다.

하지만 이순신은 당시의 피해에 대해 책임을 져야 했습니다. 군인이라면 어떤 상황에서도 져서는 안 되는 것입니다. 함경도 병마절도사 이일은 이순신과 이경록을 꾸짖고 교수형을 집행하기 위하여 형장을 차렸습니다.

"그대들은 마지막 인사나 나눠라."

이일의 말에 주변에 있던 군관들은 이순신과 이경록에게 위로의 말을 건넸습니다. 그중 한 명이 이순신에게 술잔을 따라 주었는데, 이순신은 술잔을 뿌리치며 말했습니다.

"죽고 사는 일은 운명에 달렸는데, 술을 마셔 무엇 하겠소. 얼른 목이나 치시오."

이순신의 늠름한 말에 이일은 머쓱해져서 두 사람의 참형을 취소하고 옥에 가두라고 명하였습니다. 이일이 이 사실을 조정에 보고하였더니 선조 임금은 명을 내렸습니다.

"이순신은 싸움에 패한 군사가 아니다. 백의종군케 하는 것이 옳다. 훗날 공을 세우거든 사면하라."

조선 시대 수군의 대표적인 전투선인 판옥선

이순신은 이일이 2,500명의 군사를 이끌고 여진족을 기습 공격할 때 백의종군하여 여진족 수백 명을 죽이고 가옥 200여 채를 불살라 명예를 회복하였습니다.

이후 이순신은 전라도 조방장(장군을 도와 적의 침입을 방어하는 장수)이 되었다가 정읍 현감으로 승진하였습니다. 이때 또 이순신을 천거한 사람은 류성룡이었습니다. 이순신은 고사리진(평안도 강계)의 병마첨절제사로 부임하였는데, 병마첨절제사는 각 도의 군을 지휘하는 병마절도사의 참모직으로 종3품에 해당하는 높은 직책입니다. 이후 절충장군(무신에게 주던 정3품의 품계)으로 만포 첨사와 진도 군수를 역임하였고, 전라좌도 수군절도사로 부임하였습니다.

왜군을 무찌르고 삼도수군통제사에 오르다

1592년 4월 마침내 임진왜란이 일어났습니다. 고니시 유키나가가 700여 척의 병선을 이끌고 쓰시마 섬을 출발하였는데, 조정에서는 "설마 전쟁이 날까?"라며 대수롭지 않게 생각하였습니다. 그러나 부산과 동래가 저들에게 함락되었으며, 경상우수사인 원균은 해상에서 크게 패하여 해상권을 왜군에게 넘겨주었습니다. 남해현(현재 경상남도 남해군) 앞바다로 피신한 원균은 이순신 장군에게 사람을 보내 구원을 요청하였습니다.

전라좌도
군사 행정상 편의를 위하여 전라도를 좌우로 나눈 명칭으로, 한양에서 볼 때 전라도 동쪽이 좌측이므로 전라좌도라 하고 서쪽은 전라우도라 하였다. 이것이 1892년에 전라남도, 북도로 바뀌어 오늘날에 이른다.

이순신 장군은 부하들을 불러 출병을 의논했습니다. 이때 부하 몇 명은 전라좌수영이 경상도까지 나아가 싸울 필요가 없다는 주장을 폈는데, 이순신 장군은 단호하게 말하였습니다.

"우리의 사명은 오로지 적을 쳐부수는 것일 뿐, 관할 구역을 논할 수는 없다. 출정을 반대하는 자는 목을 베겠다!"

이순신 장군은 85척의 함선을 이끌고 출전하여 옥포에서 처음으로 왜군과 맞섰습니다. 미리부터 왜군의 침략을 대비해 왔던 터라 적선 26척을 격파하였으며, 이어 거북선을 처음으로 이용해 승리를 거두었습니다. 이를 옥포해전이라고 부릅니다.

그러나 이때 이순신은 적이 쏜 총탄에 맞아 왼쪽 어깨에 큰 부상을 입었습니다. 당시의 심정을 《난중일기》에 적어 놓았는데, 이순신의 애끓는 마음이 고스란히 담겨 있습니다.

'탄환에 맞은 곳이 헐어 문드러져서 고름이 흘러나와 아직도 옷을 입지 못한다. 뽕나무 잿물과 바닷물로 밤마다 씻어도 차도가 없다.'

그럼에도 불구하고 이순신 장군은 싸움터에 나아가 당항포에서 왜군을 격파했고, 한산도에서도 기록적인 대승을 거두었습니다. 한산도에서 벌인 전투는 한산도대첩이라고 하는데, 이순신 장군이 학익진이라는 진법을 써 적을 물리쳤습니다. 이때의 승리로 이순신은 자헌대부, 정헌대부로 승진하였는데, 두 벼슬은 정2품에 해당됩니다. 한산도대첩은 진주대첩, 행주대첩과 함께 '임진왜란 3대첩'으로 불리는데, 이 싸움에서 왜선 47척을 쳐부수고 12척을 사로잡았습니다. 수많은 왜군이 죽어 결국 일본 수군은 더 이상 버티지 못하고 힘을 잃었습니다. 이순신 장군은 이후 진영을 전라남도 여수에서 한산도로 옮겼고, 군의 최고 사령관인 삼도수군통제사에 올랐습니다.

정유재란의 발발, 두사충과의 인연

1594년경에 이르자 일본은 명나라와 화해를 시도하는 등 전쟁은 소강 상태로 접어들었습니다. 하지만 이순신은 왜군이 다시 도발할 것을 확신하고 군사 훈련을 강화하였으며, 군비를 확충해 나갔습니다.

아니나 다를까, 1597년 가토 기요마사가 이끄는 왜군이 다시 조선을 쳐들어온다는 소식이 조정에 전해졌습니다. 조정에서는 이순신 장군에게 왜군을 공격하라고 명을 내렸으나 이순신은 군사를 움직이지 않았습니다. 왜군이 당장 쳐들어온다는 것은 왜군이 퍼뜨린 거짓 정보라는 것을 알았기 때문입니다. 그러나 선조 임금은 어명을 거역하였다고 하여 이순신을 파직하고 한양으로 압송하도록 명을 내렸습니다. 그는 죽음에 이를 만큼 혹독하게 신문을 받았는데, 다행히 우의정 정탁이 변호하여 목숨을 건지고 다시 권율 장군의 밑에서 백의종군하라는 명을 받았습니다.

이순신 장군이 바다에서 떠나자, 마침내 기회를 노리던 왜군이 쳐들어왔습니다. 하지만 이순신 대신 수군통제사가 된 원균은 칠전량 전투에서 왜군의 교란 작전에 휘말려 전사하였습니다. 그때서야 조정에서는 이순신이 명장임을 깨닫고 서둘러 이순신을 삼도수군통제사로 복귀시켰습니다. 이때 선조 임금은 구차하게 변명하였습니다.

"지난번에 그대의 지위를 바꿔 오늘 같은 패전의 치욕을 당했으니 무슨 할 말이 있겠는가."

삼도수군통제사로 복귀해 보니 남아 있는 전력은

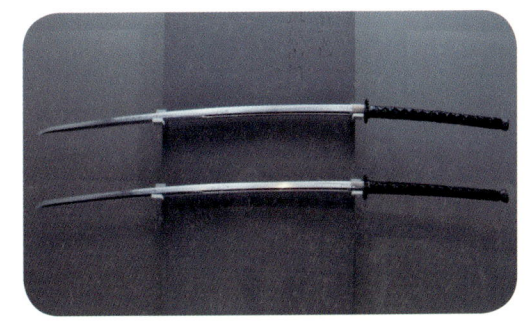

이순신이 사용하던 장검. 현충사 내 이순신기념관에 소장되어 있다.

함선 12척뿐이었습니다. 여기에 백성들이 가져온 1척을 더해 모두 13척을 이끌고 왜군들이 서해로 가는 것을 막기로 하였습니다.

이때 명나라 진린 제독의 참모인 두사충이 이순신을 도우러 왔습니다. 두사충은 군대의 진영을 잘 짜는 전략가인데, 이순신과 머리를 맞대고 진법과 전략을 짰습니다. 그런 두사충에게 이순신은 시를 써 주어 고마움을 나타냈습니다.

북으로 가서는 고락을 함께하고
동으로 와서는 생사를 함께하네.
성 남쪽 타향의 달빛 아래
오늘 한잔 술로써 정을 나누네.

그런데 두사충은 이여송 장군을 따라 조선에 처음 들어왔을 때에는 이상한 일을 많이 한 사람입니다. 두사충이 조선에 들어와 산세와 지세를 보니 큰 인물이 많이 날 형상인지라 이여송에게 장차 명나라에는 이롭지 못할 것이라고 이야기하였습니다. 이에 이여송은 조선에서 큰 인물이 나지 못하게 지맥을 끊으라고 하였고, 두사충은 전국 곳곳을 다니며 우리나라의 지맥을 끊었습니다.

전략 참모가 이렇게 딴짓을 하니 군대가 잘 돌아갈 리가 없었고, 마침내 명군은 벽제관에서 왜군에게 패하자, 두사충은 진지를 잘못 정한 책임을 지고 참수를 당할 위기에 몰렸습니다. 이때 정탁과 이시발이 나서 변호하였습니다.

"전세의 결과는 두사충과 관련이 없습니다. 혹 있다 하여도 고의는 아닐 것입니다. 오랜 전쟁으로 병사들이 지쳐 사기가 떨어져 있어 생긴 문제이니 죄를 면하게 하십시오."

해군사관학교에서 복원한 거북선

　이에 이여송은 못 이기는 체하고 두사충을 사면하였습니다. 두사충은 정탁과 이시발의 묘를 잡아 줌으로써 은혜에 보답하였으며, 그동안의 잘못을 뉘우치고 조선을 돕기로 마음먹었습니다. 이후 명나라에 돌아갔다가 왜군들이 다시 쳐들어오자, 진린 제독을 따라 다시 조선에 들어온 것이었습니다.

명량대첩으로 임진왜란을 끝내다

　왜군들은 이때 남해안을 휩쓸며 서해로 가기 위하여 전라도 지역으로 오고 있었습니다. 이순신은 서해로 들어가는 길목인 명량을 지키기 위하여 벽파진(현재 전라남도 진도군 고군면 벽파리)으로 이동했습니다. 그렇지만 벽파진의 지형을 살펴보니 명량을 등 뒤에 두고 싸우는 것은 매우 불리할 것 같았습니다. 그리하여 함선들을 전라우수영(전라남도 해남 문내면)으로 옮겨 놓았습니다.

드디어 왜군이 133척의 함선을 이끌고 명량으로 침입하였다는 소식이 들려오자, 이순신은 출전 명령을 내리고 명량으로 향하였습니다. 당시 명량해협의 조류는 세지 않았으나, 전투가 벌어지자 서서히 남동 방향으로 바뀌어 세차게 흐르기 시작하였습니다. 상대적으로 수가 많은 일본 함선들은 우왕좌왕하며 대오가 흐트러졌습니다. 대장만 제거한다면 왜군은 힘을 잃을 것이 뻔한 지라 이순신은 왜군으로 왔다가 투항한 준사를 불러 물었습니다.

"저들의 대장이 어느 배에 타고 있느냐?"

준사는 적선을 둘러보더니 한 배를 가리키며 외쳤습니다.

"저기 꽃무늬 옷을 입은 자가 장수 구루시마다."

그러자 이순신 장군은 당장 구루시마를 잡아 오게 한 후 목을 베어 높이 매달았습니다. 이를 본 왜군들은 사기가 떨어졌으며, 기세를 잡은 조선 수군은 맹공을 펼쳐 적선 31척을 파괴하였습니다. 이를 명량대첩이라고 합니다.

1598년 11월 19일 왜군은 철수하기 위하여 노량 앞바다에 집결하였습니다. 이순신은 명나라 진린 제독과 함께 노량으로 나아갔습니다. 왜군의 함선은 무려 500여 척이나 되었지만 이미 전의를 상실한 상태라 400여 척이나 쳐부수는 성과를 올렸습니다. 그때 남은 왜군들은 남해 쪽으로 달아났는데, 이순신 장군은 끝까지 쫓아갔습니다. 이 추격전에서 이순신은 불행히도 적의 유탄(탄약 속에 작약이나 화약제를 다져 넣은 포탄)에 맞고 말았습니다.

"싸움이 긴박하니 내가 죽었다는 말을 알리지 마라!"

이순신은 이런 말을 남기고 숨을 거두었습니다. 평소 말대로 나라에 죽음을 바친 것입니다.

두사충의 재실 모명재의 입구 만동문

이순신을 도왔던 두사충의 신도비

🔍 세계 4대 해전과 3대 제독

여러 나라의 해군사관학교에서는 세계 4대 해전으로 그리스와 페르시아의 살라미스 해전, 스페인과 오스만튀르크의 레판토 해전, 조선의 한산도 대첩, 영국과 프랑스의 트라팔가르 해전을 꼽아 가르친다. 3대 제독으로는 이순신 장군과 영국의 넬슨 제독, 일본의 도고 헤이하치로를 손꼽는다.

"대장부가 세상에 태어나 쓰이게 되면 국가에 죽음을 바칠 것이요, 쓰이지 않으면 들에서 밭을 가는 것도 족하다. 만약 권력에 아첨하여 한때의 영화를 도적질한다면 나는 심히 부끄러워할 것이다."

조선 수군은 나머지 왜군들을 격파한 후에야 이순신 장군이 전사하였다는 소식을 들었습니다.

노량해전에서 전사한 이순신은 남해의 고금도에 임시로 묻혔다가, 전쟁이 끝난 후 충청도 아산의 금성산으로 이장되었습니다. 이 묘를 잡아 준 이는 두사충입니다. 두사충은 이후 두 아들과 함께 조선에 귀화하여 대구에 정착하였습니다. 그의 흔적이 대구에 많이 남아 있는데, 수성구 만촌동에는 두사충의 묘와 재실 모명재가 있으며, 모명재 마당에는 이순신의 7대손 이인수가 세운 두사충 신도비가 서 있습니다.

한편, 나라에서는 이순신 장군을 덕풍부원군에 추봉하며 좌의정으로 추증하였고, 이에 후손들은 이순신 장군의 묘를 다시 현재의 자리로 이장하였습니다. 추봉은 죽은 뒤에 벼슬을 내리는 것이고, 추증은 공로가 있는 벼슬아치가 죽은 뒤에 품계(등급)를 높여 주던 것을 말합니다. 후에 이순신은 영의정에 추증되었고, 인조 임금은 충무라는 시호를 내렸습니다. 오늘날 우리가 충무공이라고 부르게 된 것은 이 시호 때문입니다.

이순신의 묘와 유물들

이순신의 묘는 왕릉 못지않습니다. 묘 입구에 홍살문이 세워져 있고, 묘 주위에는 곡장(낮은 담)이 둘러쳐져 있는데, 이는 박정희 대통령이 왕릉처럼 꾸민 것입니다. 또 묘 입구에는 2기의 신도비가 서 있습니다. 비각 안에 있는 것은 1693년 김육이 비문을 지은 이순신 신도비이고, 밖의 것은 이순신 장군의 5대손 이봉상의 신도비입니다. 이봉상은 이인좌의 난 때 순절하였

사적 제112호로 지정되어 있는 이순신의 묘(충청남도 아산시 음봉면)

이순신의 기상과 위업을 기리기 위해 지어진 현충사(충청남도 아산시 염치읍)

습니다.

묘로 오르다 보면 신도비가 한 기 더 서 있는데, 정조 임금이 직접 글을 짓고 세운 어제신도비입니다. 비석에는 '충성을 높이고 무용을 표창하는 노래를 지어 역사가에게 알리노라.'라고 적혀 있습니다. 묘소 주변에는 상석과 향로석, 장명등의 석물과 문인석, 석양 등이 세워져 있습니다.

현충사는 숙종 임금 때 세운 이순신 사당으로, 임금이 직접 쓴 편액을 하사하여 현충사로 불립니다. 당시의 편액은 유물관에 전시되어 있고, 현재의 편액은 박정희 대통령이 쓴 것입니다. 유물관 내에 있는 이순신 영정은 류성룡이 《징비록》에 표현한 이순신 장군의 용모를 참작하여 근대에 들어와 그려진 것입니다.

이순신이 젊은 시절 살던 집은 후손들이 살고 있었으나 보존을 위하여 이주시키고 현재는 비어 있습니다. 집 뒤에는 사당이 있는데, 불천위 이순신 장군의 위패를 가운데에 모시고 좌우로 4대조를 모셔 두고 있습니다. 불천위란, 옛날에 큰 공이 있던 사람이 죽은 후에 사당에 영원히 모실 것을 나라에서 허락한 신위를 말합니다. 사당에서는 매년 음력 11월 19일인 이순신 장군의 기일에 제사를 지냅니다.

현충사 내 유물관에는 임진왜란 당시 사용하던 무기와 거북선 모형, 교지, 《난중일기》 등이 진열되어 있으며, 이순신의 친필이 새겨져 있는 장

> 🔍 **충렬사 팔사품**(보물 제440호)
>
> 도독인(1점), 호두령패(2점), 귀도(2자루), 참도(2자루), 독전기(2폭), 홍소령기와 남소령기(각각 2폭), 곡나팔(2개)로 모두 8종 15점이다. 2점씩 있는 것은 현충사와 충렬사에 각각 나뉘어 보관하고 있는데, 도독인의 경우는 현충사에 진품이 전시되어 있다.

검도 있습니다. 장검에는 '석 자(90cm) 되는 칼로 하늘에 맹세하니 산하가 떨고 한번 휘둘러 쓸어 버리니 피가 강산을 물들인다.'라는 뜻의 문구가 새겨져 있습니다.

　유품 중《난중일기》가 포함된《이충무공 난중일기 부서간첩 임진장초》는 국보 제76호로 지정되어 있으며, 장검 등 이충무공 유물은 보물 제326호로, 명나라 신종 황제가 이순신의 무공을 기려 하사한 충렬사 팔사품은 보물 제440호로 지정되어 있습니다. 또한《난중일기》는 2013년에 유네스코 세계기록유산으로 선정되었습니다.

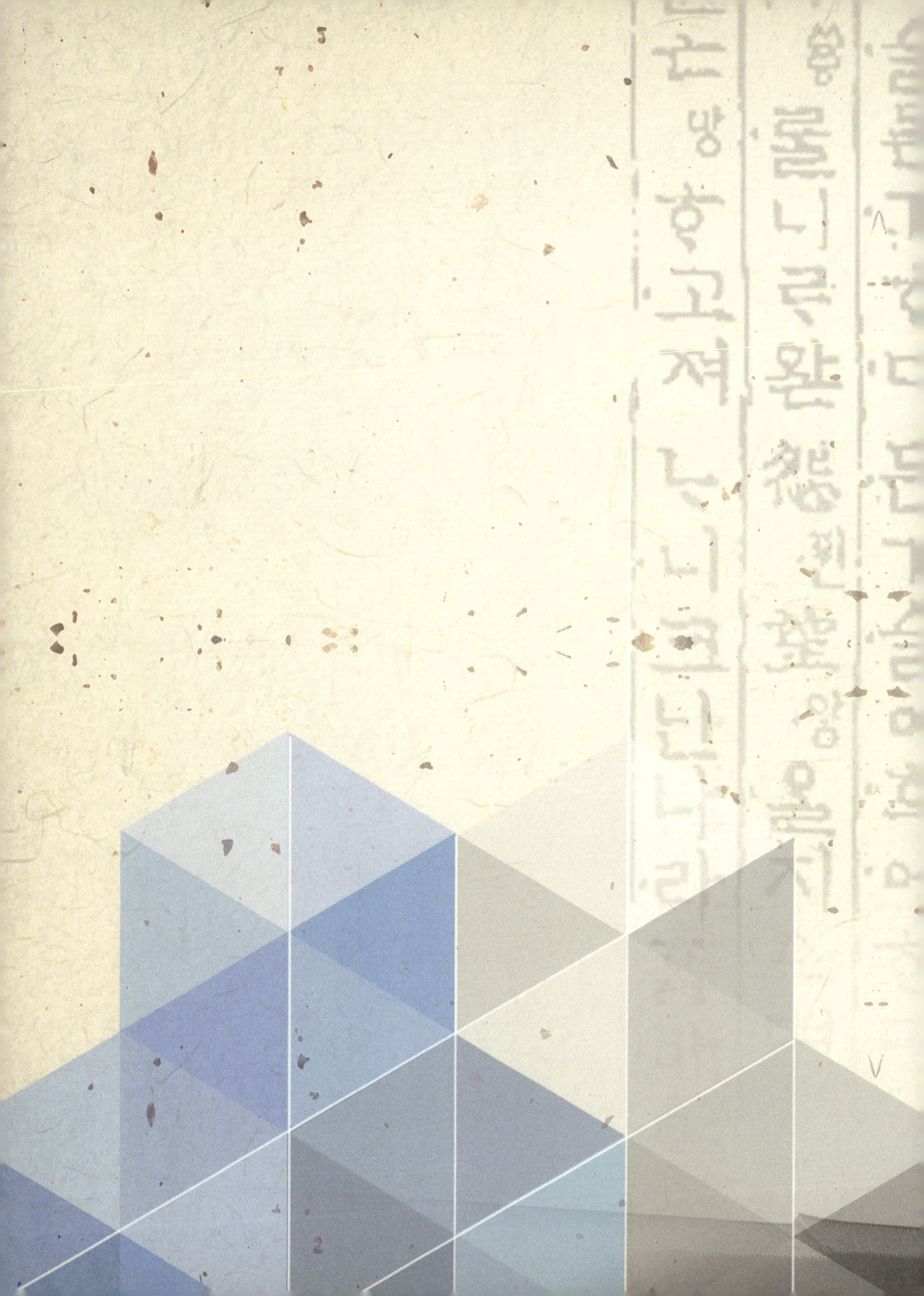

국난 극복의 충신 이항복

이항복은 임진왜란 때 선조 임금을 도와 국난을 극복한 충신입니다. 문장과 화술을 갖춰 어떤 일이든 맡은 일을 충실하게 함은 물론, 오성과 한음 이야기 속의 주인공으로 재치와 유머가 넘쳤습니다. 어린 시절 말썽꾸러기였던 이항복은 과연 어떻게 조선 최고의 충신이 되었을까요?

국난 극복의 충신 이항복

이몽량 대감은 부인이 아이를 출산한다는 말에 긴장이 밀려 왔습니다. 그도 그럴 것이 자신은 58세나 되었고, 부인도 50대이니 건강한 아이가 태어날지 걱정이 되었던 것입니다. 그는 불도 붙이지 않은 곰방대를 뻑뻑 빨아대며 초조하게 안채 쪽으로 귀를 기울였습니다. 안채에서 아기의 울음소리라도 힘차게 들린다면 조금은 마음이 놓일 것 같았습니다. 그때 아무 소리도 들리지 않았는데, 머슴이 헐레벌떡 뛰어오며 말했습니다.

19세기에 이한철이 그린 이항복 초상화

"대감마님, 마님께서 아드님을 순산하셨습니다. 축하드리옵니다!"
"그, 그래?"

부인이 아들을 낳았다는 머슴의 말에 그동안의 긴장감이 스르르 풀렸습니다.

"그런데 아기가 울지를 않습니다."

머슴의 말에 이몽량은 "뭐야?"라고 소리를 질렀습니다.

아기는 그 이튿날도, 그리고 태어난 지 사흘이나 되어도 울지 않았고, 젖조차 먹지를 못하였습니다. 하도 희한한 일인지라 이몽량은 의원을 부르는 것도 잊고 점쟁이를 불러오게 하였습니다. 점쟁이가 아기의 모습을 내려다보더니 말을 꺼냈습니다.

"근심할 것 없습니다. 이 아기는 귀하게 될 것입니다."

점쟁이가 돌아간 다음 날 아기는 젖을 먹기 시작하였는데, 부인의 젖이 잘 나오지 않아 큰딸이 젖을 물렸습니다. 이 아이가 바로 훗날 임진왜란 때의 충신 이항복(1556~1618)입니다.

이항복이 돌이 되기 전의 일입니다. 유모가 우물가에서 어린 이항복을 안고 있다 잠시 졸고 있는데, 꿈에 머리카락이 하얀 할아버지가 나타나더니 지팡이로 그녀의 종아리를 때렸습니다.

"어찌하여 어린아이를 보지 않느냐!"

유모가 깜짝 놀라 눈을 떠 보니 이항복이 우물에 막 빠지려는 찰나였습니다. 재빨리 아이를 붙잡아 목숨을 구할 수 있었으나 꿈에 지팡이로 맞은 종아리가 며칠 동안이나 아픈 것이 이상하였습니다. 그런데 얼마 후 집안에 제사가 돌아왔는데, 유모가 제사상에 오른 영정을 보고는 소스라치게 놀라고 말았습니다. 우물가에서 졸고 있을 때 자신의 종아리를 친 바로 그 할아버지였던 것입니다. 영정의 주인공은 고려 말의 명신 이제현으로 이항복의 선조입니다.

8남매의 막내이자 늦둥이로 태어난 까닭에 이항복은 온 식구들의 사랑과 관심을 받고 자랐는데, 특히 아버지 이몽량은 이항복의 응석이라면 모두 받아 주었습니다. 6세 때 칼과 거문고를 빗대어 '칼은 장부의 기상을 가졌고, 거문고는 천고의 음을 간직했다.'고 표현할 정도로 머리가 대단히 좋았지만 이항복은 말썽꾸러기였습니다. 9세 때 아버지가 돌아가시자 공부는 뒷전이고 동네 아이들과 놀기 바빴습니다.

유머가 넘치는 아이

이항복은 어릴 때부터 유머와 재치가 넘쳤습니다. 어느 해 가을, 집에 감이 많이 열렸는데, 옆집으로 넘어가 뻗은 가지에 감이 주렁주렁 달린 것이 보였습니다. 이항복은 하인을 불러 그 감을 따라고 하였습니다. 하인들이 장대를 이용하여 감을 따는데, 옆집에서 이상한 말이 들려왔습니다.

"누가 감히 우리 집 감을 따느냐?"

그 말에 하인들은 장대를 재빨리 거두었습니다. 옆집은 우찬성 권철 대감 댁이라서 모두들 감을 딸 엄두도 내지 못하였습니다. 이항복은 괘씸한 생각이 들자 옆집으로 가 대감님을 뵙자고 하였습니다. 마침 권철이 집에 있었습니다.

"옆집 사는 이항복입니다."

이항복은 문 밖에서 자신이 온 것을 알렸습니다.

"무슨 일이냐? 어서 들어오너라."

권철의 말이 끝나기가 무섭게 이항복은 주먹으로 창호 문을 북 하고 찢으며 팔을 방 안으로 넣었습니다.

"이것은 누구의 팔입니까?"

권철은 화들짝 놀라며 대답하였습니다.

"그야, 너의 팔이지."

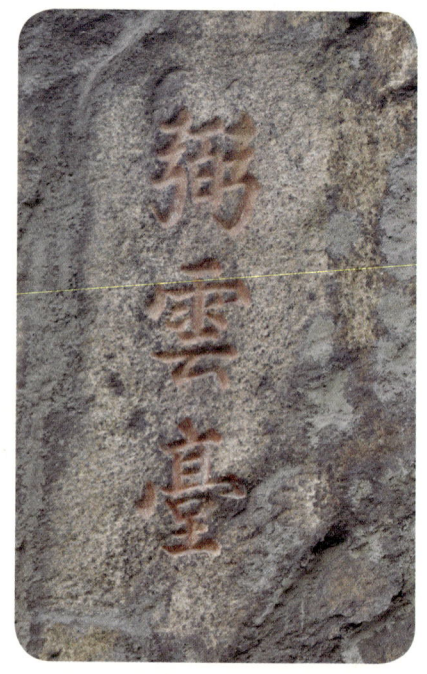

필운대는 본래 권율 장군의 집이 있던 곳이다.
(서울특별시 종로구 필운동 배화여고 내)

이항복이 썼다고 전해지는 '필운대' 글씨

"그러면 우리 집에서 대감님 댁으로 넘어온 감나무는 누구의 것입니까?"
"물론 너의 집 감나무지."
"그렇다면 감나무에 달린 감은 누구의 것입니까?"
"너의 집 것이지."
"그런데 왜 대감댁 하인들이 우리 감을 따지 못하게 하는 것입니까?"
"모두 내 잘못이다. 앞으로는 그런 일이 없도록 하마."

권철은 이항복의 재치에 감탄하였습니다. 이때 권철은 이항복이 장차 큰 인물이 될 것을 알고 아들인 권율 장군에게 이항복을 사위로 삼으라고 하였고, 훗날 이항복은 권율 장군의 딸과 결혼하였습니다.

이항복은 15세가 되어도 놀기 바빴습니다. 어머니는 그런 아들의 버릇을 고치려고 밥도 먹지 않고 앓아누웠습니다.

"어머니, 어디 편찮으세요?"

이항복은 어머니가 밥도 못 먹고 누워만 있자 물었습니다.

"자식을 잘못 키우고 있어 조상님을 뵐 면목이 없구나."

어머니의 말에 이항복은 자신이 그동안 얼마나 잘못했는지를 깨달았습니다. 그는 그때부터 열심히 공부를 하였으나 다음 해에 어머니마저 세상을 떠났습니다.

이항복은 16세 때 권율의 딸과 결혼하였는데, 결혼 전 아내가 될 사람이 어떤 사람인지 궁금하여 동네 아이들을 모이게 하고는 권율의 집 앞에서 시끄럽게 떠들라고 시켰습니다. 시끄러운 소리에 참다못한 권씨가 밖으로 나오자 이항복은 아이들을 나무라는 척하며 그녀의 얼굴을 뜯어보았습니다.

전해지는 이야기는 여기에 그치지 않습니다. 이항복은 또다시 동네 아이들을 모아 이번에는 자신을 뒤쫓게 하였습니다. 이항복은 권율의 집으로 뛰어 들어갔고, 때마침 권씨가 보이자 그녀의 치마 속으로 숨었습니다. 이쯤 되면 비명을 지르며 도망을 쳤겠지만 장차 남편이 될 사람이라는 것을 아는 권씨는 이렇게 말했습니다.

"혼인 전에 겉선을 봤으면 되었지, 속선까지 보시려 합니까?"

이렇게 천하의 장난꾸러기라고 소문이 나자 권철은 이항복의 사람됨을

필운대

서울특별시 종로구 필운동 배화여고에 있는 필운대는 이항복이 살던 집이 있던 곳이다. 학교 안 암벽에 필운대라는 글씨가 남아 있다. 본래는 권율 장군의 집이었으나 이항복이 권율 장군의 딸과 결혼하여 이곳에서 살았다 한다.

다시 보려고 이항복을 불렀습니다. 그러나 이항복은 권철의 속셈을 미리 알아채고 질문을 하였습니다.

"사람의 겉만 보시려고 합니까, 아니면 겉과 속을 모두 보시려고 합니까?"

권철은 웃으며 대답하였습니다.

"속도 보면 좋겠지만 그게 어디 가능한가?"

그 말이 끝나기 무섭게 이항복은 바지를 내리며 말하였습니다.

"속이 이만하면 훌륭하지 않습니까?"

권철은 이항복의 대담함에 감탄하면서 손녀와 혼인을 시키기로 마음을 굳혔습니다. 이 이야기는 야사로 전해지는 이야기입니다.

정여립 모반 사건을 해결하고 평난공신이 되다

이항복과 이덕형은 둘도 없는 친구로 재미있는 이야기를 많이 남겼습니다. 어릴 때 함께 어울린 이야기도 많은데, 실제는 아닐 것으로 추측합니다. 왜냐하면 이항복이 다섯 살이나 많아 어린 시절을 함께 보낼 수 없었기 때문입니다. 둘이 처음 만난 것은 이항복 23세 때, 이덕형은 18세 때입니다. 이때부터 함께 공부하였고, 1580년에 과거 시험도 나란히 합격하여 평생 친구로 지냈습니다.

이항복은 알성시 문과에 합격하였는데, '알성시'란 임금이 문묘에 참배한 후 성균관 유생들을 대상으로 치르는 특별 과거 시험을 말합니다. 당시 이덕형과 이정립도 함께 합격해서 이들 이씨 3명을 '삼이(三李)'라고 불렀습니다.

이항복은 대제학 이이에게 발탁되어 사가독서를 하는 영광도 얻었습니다. '사가독서'란 젊은 인재에게 집에서 학문을 더 쌓을 수 있게 하는 제도입니다. 이후 이항복은 이이를 따르며 존경하였습니다.

1583년 어느 날 율곡 이이(조선 중기의 문인, 학자)가 선조 임금에게 10만 군사를 길러 왜적의 침략에 대비해야 한다고 건의하였습니다.
　"나라가 오랫동안 태평하다 보니 군대와 식량이 모두 준비되어 있지 않아, 왜놈들이 변경을 소란하게만 하여도 온 나라가 술렁입니다. 지금대로라면 큰 적이 침범해 왔을 때 어떤 지혜로도 당해 낼 수 없을 것입니다."
　선조 임금은 김성일과 황윤길을 일본에 사신으로 보내어 상황을 보고하게 하였는데, 황윤길은 전쟁에 대비해야 한다고 보고하였으나 김성일은 왜군이 조선을 침략할 가능성이 낮다고 보고하였습니다. 선조 임금은 결국 이이의 건의를 받아 주지 않았습니다.
　이듬해 이이는 임종을 앞두고 이항복에게 봉투 한 장을 건넸습니다.
　"위급할 때 열어 보게."
　이항복은 대학자의 마지막 말을 가슴에 새기고 봉투를 받았습니다.
　이후 이항복은 여러 관직을 두루 역임하였는데, 예조 정랑으로 일할 때는 정여립 모반 사건을 처리하여 이름을 널리 알렸습니다. 정여립 모반 사건은 정여립이 대동계라는 조직을 동원하여 병조 판서를 살해하고 군사력을 장악하려고 한 사건입니다. 이 사건으로 조정은 좌의정 정철을 우두머리로 하는 서인이 장악하였습니다. 이항복도 정철과 같은 서인이긴 하였으나 당파 싸움에는 큰 관심을 두지 않았습니다.
　정여립 모반 사건이 정리되자, 선조 임금은 이항복에게 평난공신 3등을 내리며 칭찬하였습니다.
　"한편으로는 죄수를 문초하고, 한편으로는 일을 빠르게 처리하니 다른 사람은 하기 힘든 일이다."
　한편, 권력을 장악한 정철은 그동안 동인들에게 맺혀 있던 한이라도 푸는 것처럼 안하무인이 되어 갔고, 결국 얼마 못 가 대신들의 탄핵을 받고 물러나야 했습니다. 아무도 정철을 거들떠보지 않았으나 이항복은 여러 번 찾아가 정철을 위로하였습니다. 이에 대신들은 이항복도 유배를 보내야 한다고 상소하였으나 형조 참판 이원익의 변호로 유배만은 면하였습니다.

위기에 더욱 빛난 이항복

1592년 임진왜란이 일어나자, 이항복은 선조 임금을 모시고 피난을 떠났습니다. 피난 행렬이 임진강 나루터에 이르니 갑자기 주위가 어두워지며 비가 퍼붓는지라 배를 띄울 수가 없었습니다. 순간 이항복은 이이가 건넨 봉투가 생각나 꺼내 보았습니다.

'화석정에 불을 지르라!'

이항복은 근처 언덕에 있는 화석정에 올라 불을 지르니 미리 기름칠이 되어 있어 비가 내리는데도 활활 타올랐습니다. 그 불은 나루터를 환하게 비추었고, 선조 임금 일행은 배를 타고 무사히 임진강을 건널 수 있었습니다.

피난 행렬이 강을 건너자, 선조 임금은 이항복에게 어명을 내렸습니다.

"더 이상 따라오지 않아도 되니 그만 돌아가서 가족을 돌보라."

그러나 이항복은 이렇게 말하면서 끝까지 선조 임금을 모셨습니다.

"신은 나이도 젊고 부모도 없으니 곁을 지키겠나이다."

선조 임금 일행이 평안도 의주에 이르자 이항복은 이덕형과 함께 명나라에 원군을 요청하러 갔고, 이여송을 총대장으로 하는 5만 명의 원군을 이끌고 1년 5개월 만에 도성으로 되돌아왔습니다.

그러나 이항복 가족은 임진왜란으로 인하여 큰 피해를 입었습니다. 큰형은 조상의 신주를 모시고 피난을 가던 중 익사하였고, 조카 부부도 도적 떼에게 당하여 죽었습니다. 또한 이항복의 딸은 어린 나이에 병이 났는데, "아버지가 보고 싶다."는 말을 세 번 하고 숨을 거두었다고 합니다.

한양으로 돌아온 이항복은 병조 판서에 임명되어 더욱 막중한 임무를 맡았습니다. 병조 판서는 오늘날 국방부 장관에 해당됩니다. 이때 장인인 권율 장군은 도원수로 이항복보다 관직이 낮았습니다. 여름이 되어 날씨가 무더워지자 이항복은 권율에게 제안을 하였습니다.

"장인어른, 오늘은 날씨도 무덥고 하니 조회에는 의관을 다 갖춰 입고 가실 게 아니라 베 잠방이 위에 장군복만 걸치고 가시지요."

권율이 듣고 보니 그럴싸한지라 이항복의 말대로 하였습니다. 대궐에서 조회가 열리자 이항복은 선조 임금에게 아뢰었습니다.

"전하, 날씨가 너무도 덥사옵니다. 관복을 벗고 조회를 하는 것이 어떠하신지요?"

선조 임금은 너그럽게 승낙을 하여 조회에 참석한 대신들에게 관복을 벗게 하였습니다. 모든 신하들이 관복을 벗는데, 권율만 안절부절못하고 있었습니다. 사람들의 따가운 시선이 느껴지는지 권율도 관복을 벗었는데, 순간 좌중은 웃음바다가 되고 말았습니다. 권율이 반바지 차림이었기 때문입니다.

"경은 긴 옷이 없는가? 어찌하여 짧은 베 잠방이를 입었는가?"

선조 임금이 묻자 권율은 대답조차 하지 못하고 쩔쩔맸습니다. 이때 이항복이 끼어들었습니다.

"전하, 권 도원수는 집이 가난하여 여름에는 항상 짧은 옷만 입고 지낸다고 하옵니다."

그 말을 들은 선조 임금은 권율에게 좋은 옷을 하사하였습니다. 이항복이 이 일을 꾸민 것은 전쟁 중임에도 대신들이 모시옷이나 중국 비단으로 지은 값비싼 옷을 입는 것을 비판하고, 권율의 검소함을 드러내기 위해서였습니다.

이후 이항복은 이조 판서와 대제학을 겸하며 나랏일에 힘썼고, 명나라 사신을 접대하는 일을 맡았습니다. 명나라 사신 양방형은 이항복을 만난 후 이렇게 존경심을 표현하였습니다.

"조선에 이런 인물이 있으니 어찌 작은 나라라 하여 경솔히 보겠는가!"
양호도 이항복을 치켜세우며 말하였습니다.
"이항복 판서라야 한다!"

임진왜란이 끝난 후 이항복은 우의정을 거쳐 영의정에 올랐고, 호종공신 1등을 받아 오성부원군에 봉해졌습니다. 호종공신은 난리 때 임금님을 모신 공이 큰 신하를 말하고, 부원군은 임금의 장인이나 정1품 벼슬 중 공신에게만 내리는 특별 호칭입니다.

조선 최고의 재치꾼

이항복과 이덕형은 높은 관리가 된 후에도 단짝으로 지냈습니다. 궁궐 안에서 오성과 한음이 서로 아비라고 우기고 있는 것을 선조 임금이 보고 끼어들었습니다.

"그래, 누가 아비인가?"
선조 임금의 물음에 오성과 한음이 동시에 대답했습니다.
"제가 이 애 아비입니다."

선조 임금은 흥미가 생겨 "그럼 내가 가려 줌세." 하며 내관에게 종이와 붓을 가져오게 한 후 '父(아비 부)' 자와 '子(아들 자)' 자를 각각 다른 종이에 쓴 후 접어서 땅에 놓았습니다.

"하나씩 집게나."
먼저 한음이 종이를 집어서 펴 보았습니다.
"하하하! 제가 아비입니다."

한음이 집은 종이에는 '父' 자가 씌어 있었습니다. 선조 임금은 빙그레 웃으며 오성을 보았습니다. 오성은 '子' 자 종이를 집었으니 울상을 지어야 할 텐데 뜻밖에도 싱글벙글하는 것이었습니다.

"자네는 어찌 웃는가?"

선조 임금의 질문에 오성은 무릎에 '子' 자가 씌어 있는 종이를 올려놓으며 말하였습니다.

"신이 늘그막에 아들을 얻어 무릎 위에 앉혔으니 이 아비의 마음이 어찌 즐겁지 않겠습니까?"

이에 선조 임금은 "핫하하하!" 하고 크게 웃고 말았습니다.

그러나 왠지 당한 느낌이 들었습니다. 그리하여 선조 임금은 이항복의 재치를 꺾고 싶어 묘안을 짰습니다. 대신들에게 다음 날 입궐할 때 달걀 하나씩을 준비하게 하고 이항복에게만은 알리지 못하게 하였습니다. 이튿날 퇴청 시간이 되어 갈 때 선조 임금은 갑자기 대신들에게 달걀 하나씩을 구해 오라고 어명을 내렸습니다. 모두들 미리 준비해 온지라 소매 속에서 달걀을 꺼내 놓았는데, 이항복은 금시초문이라 가만히 있을 수밖에 없었습니다.

대신들은 드디어 이항복이 임금의 꾀에 걸려들었다고 여겼습니다. 하지만 잠시 뒤 대신들은 이항복의 이상한 행동을 목격하였습니다. 이항복은 관복 소매를 후다닥 치면서 "꼬끼요!" 하고 닭 우는 소리를 낸 것입니다. 모두 놀라고 있을 때 선조 임금이 물었습니다.

"왜 닭 우는 소리를 내는 것이냐?"

이에 이항복이 대답하였습니다.

"신은 암탉이 아니옵고 수탉이 되어 알을 낳지 못하니 대단히 황송하옵니다."

이항복의 재치 있는 답변에 신하들은 물론 선조 임금도 배를 움켜쥐고 웃으며 탄복할 수밖에 없었습니다.

유배지에서 맞은 임종

이항복과 이덕형은 나이가 다섯 살이나 차이가 나는데도 허물없이 지내며 재미있는 이야기를 많이 남겼습니다. 그러나 1613년 이덕형이 세상을 먼저 떠나고 이항복은 힘든 세월을 보내야 했습니다. 이항복은 광해군 때 인목대비를 폐모해야 한다는 북인들의 주장에 맞서다 함경도 북청으로 유배를 당하였습니다. 이미 이덕형이 죽고 난 후이니 친구를 따라간다고 마음을 먹고 장례에 쓸 용품까지 챙겨서 유배지로 향하였습니다. 철령이라는 고개를 넘는데, 문득 시상이 떠올랐습니다.

경기도 포천에 있는 이항복의 묘

철령 높은 재에 쉬어 넘는 저 구름아,
외로운 신하의 원통한 눈물을 비 삼아 띄워다가
임 계신 구중궁궐에 뿌려 본들 어떠리.

이항복의 위패를 모신 화산서원(경기도 포천시 가산면 방축리)

유배를 떠난 지 5개월, 이항복은 쓸쓸하게 유배지에서 숨을 거두었습니다. 묘는 경기도 포천(현재 포천시 가산면 금현리)에 마련되었고, 그가 죽은 지 10여 년이 지나 지역 유림들이 묘 인근에 화산서원을 세

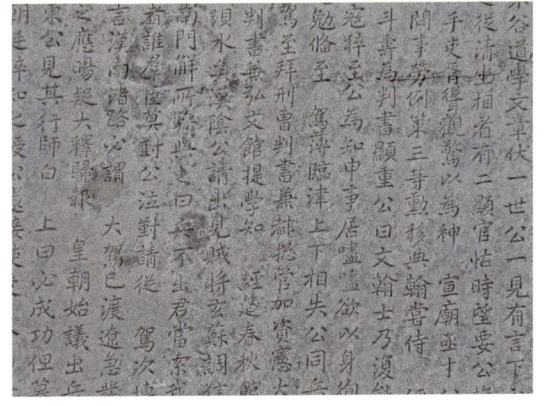

중국의 운석으로 만든 신도비는 360여 년이 지나도 글씨가 완벽하게 남아 있다.

워 이항복의 위패를 모셨습니다. 그리고 다시 10여 년이 지난 1652년, 중국 황제가 선물한 운석(중국의 윈난 성에서 나는 옥석)으로 신도비를 세웠는데, 360여 년이 지난 현재에도 글자가 완벽하게 남아 있습니다.

이항복은 《백사집》을 남겼는데, 조선 중기 문장 4대가의 한 명인 장유가 서문에 '하늘이 백사를 태어나게 한 것은 우연이 아니다. 어려운 국난을 해결할 수 있는 뛰어난 인물을 내어 책임을 맡도록 하려는 뜻이었다.'라며 이항복을 칭송하였습니다. 백사는 이항복의 호입니다. 또 이정구는 '이항복은 관직에 40년이나 있었다. 당파에 물들지 않은 자가 없었는데 오직 그만은 중립을 지켜 공평히 처세하였다.'라고 평하였습니다.

이 밖에도 함경도 북청으로 귀양 갔을 때 이항복을 수행하였던 정충신이 기록한 《백사북천일록》과 《예기》에 나오는 가례(집안의 예절)를 다룬 《사례훈몽》을 지었습니다.

이항복은 또한 대제학을 지낼 정도

1652년에 세워진 이항복 신도비

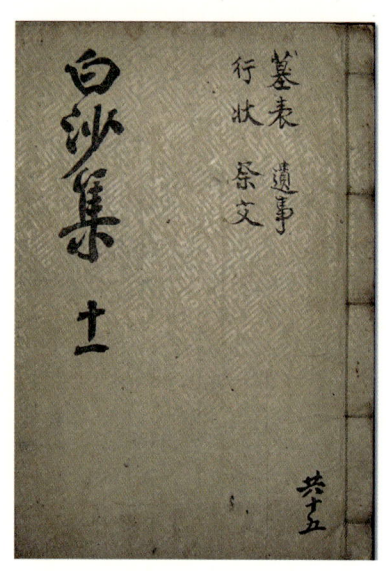

이항복의 문집 《백사집》

이항복의 별서 터(서울특별시 종로구 부암동)

로 뛰어난 문장가였습니다. 이이의 비문, 박순의 행장, 이순신의 노량비문, 권율의 묘지명, 이언적의 묘지명 등 그가 지은 문장이 많이 전해집니다. 그리고 정치적인 능력도 뛰어나 영의정에 올라 나라를 위해 몸과 마음을 다 바쳤으며 외교적인 능력까지 겸비하여 왜적을 물리친 충신이었습니다.

서울 부암동 백석동천(명승 제36호)

서울특별시 종로구 부암동 백석실계곡 안에 있는 이항복의 별서(별서란 들이나 농장 주변에 별장처럼 지은 집인데, 농사를 짓는다는 점이 별장과 다름) 터이다. 계곡을 따라 오르다 현통사를 지나면 오솔길에 '백석동천(白石洞天)'이라는 글씨가 새겨진 바위가 나타나는데, 그 앞이 별서 터로 연못과 육각정 초석이 남아 있다. 조선 후기의 서예가 김정희가 살기도 하였다.

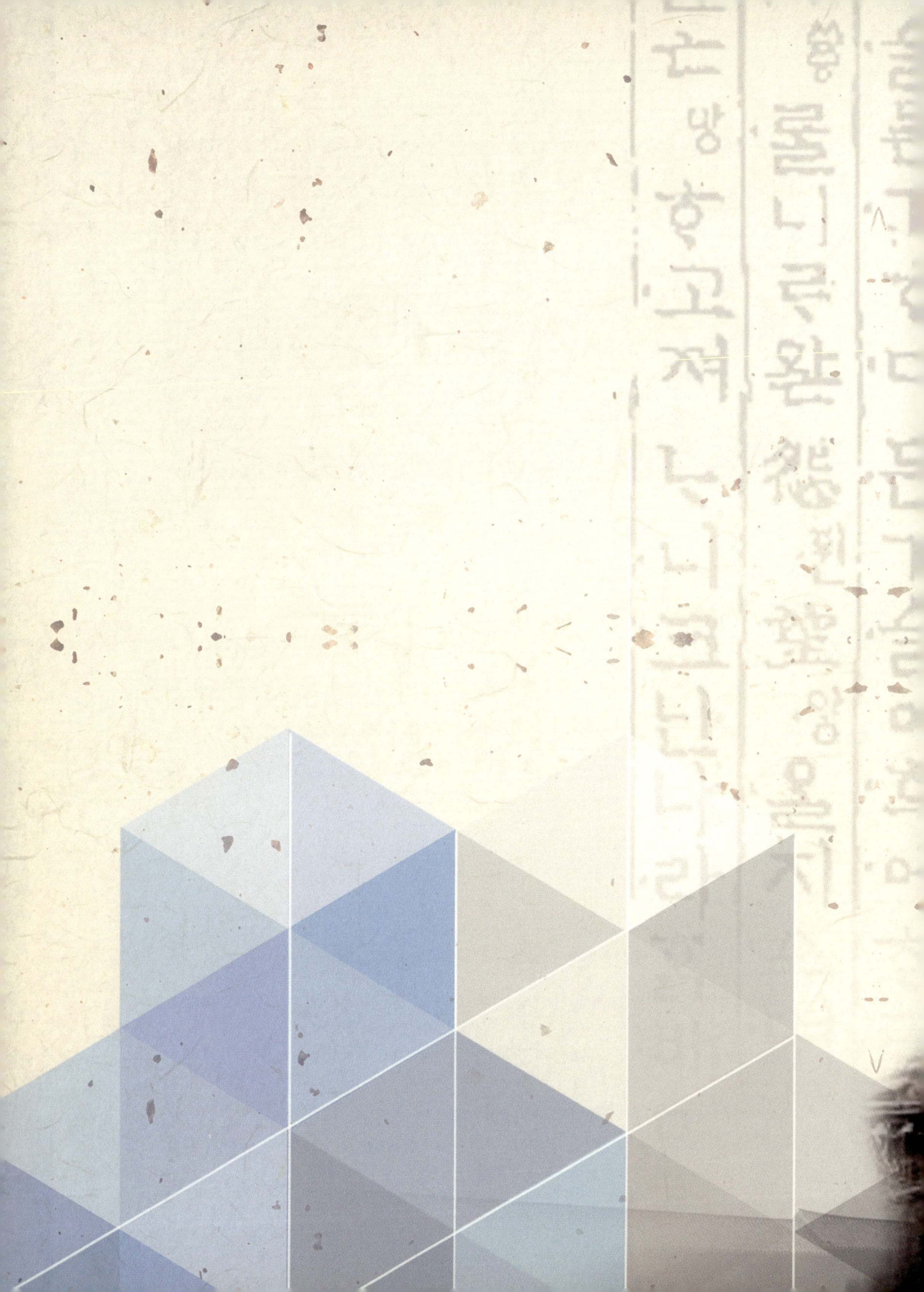

임진왜란 구국의 명신 이덕형

임진왜란 하면 이순신 장군이나 권율 장군 등을 떠올립니다. 하지만 조정에서 전쟁을 이기는 데 큰 역할을 한 신하들도 많습니다. 한음 이덕형은 왜장과 담판을 벌였고, 명나라에 구원군을 요청하여 전쟁에서 승리하는 데 결정적인 역할을 한 인물입니다. 오성과 한음 이야기의 주인공이기도 한 이덕형은 어떤 인물일까요?

임진왜란 구국의 명신 이덕형

사주와 관상을 잘 보던 이지함은 조카 이산해로부터 딸의 신랑감을 구해 달라는 부탁을 받고 한양 숭례문 앞을 서성거렸습니다. 얼마나 지났을까, 멀리서 소달구지가 다가오는데 잔뜩 실은 짐 위에 걸터앉은 사내아이가 눈에 띄었습니다.

"음, 귀한 상이로구나!"

이지함이 소달구지를 따라가 보니 남산 기슭의 한 집 앞에 멈춰 서는 것이었습니다. 이지함은 사람들이 짐을 하나씩 내리는데 불쑥 안으로 들어갔습니다.

"누구십니까?"

아이의 아버지인 듯한 남자가 이

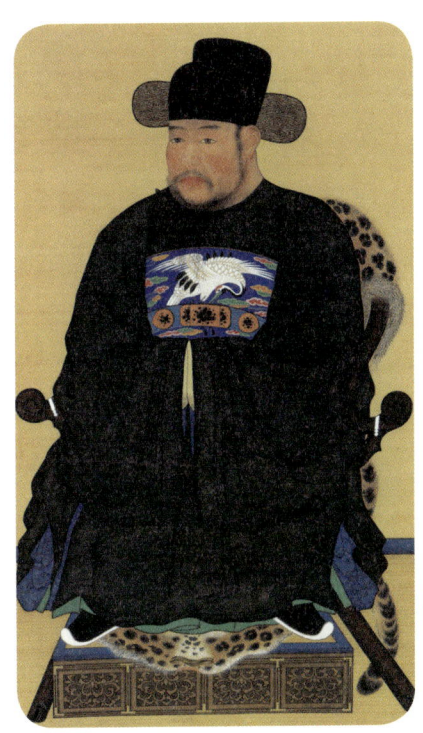

1590년 이신흠이 반신상으로 그린 이덕형의 영정을, 1846년 이한철이 전신으로 다시 그린 초상화이다.

지함을 보더니 물어 왔습니다.

"마포에 사는 토정이라고 합니다."

이지함은 통성명을 한 뒤 자신이 온 이유를 밝혔습니다. 순간 부부와 사내아이는 당황하였습니다. 부부는 서로를 쳐다보다 남편이 환하게 웃으며 말을 꺼냈습니다.

서울 중구 퇴계로 대우재단 빌딩 앞에 있는 이덕형 집터 표석. 한산(현재 남산)의 북쪽 기슭에서 살았다고 하여 이덕형의 호를 한음(漢陰)이라고 하였다.

"이사 오는 날 청혼을 받으니 이보다 기쁜 일이 어디 있겠습니까?"

이로써 신랑감을 찾은 이지함은 이산해의 집으로 갔습니다.

"어떤 젊은이입니까?"

신랑을 구했다는 이지함의 말을 들은 이산해는 조바심이 났습니다.

"틀림없이 30대의 나이에 정승에 오를 것이네."

이산해는 두 말 않고 이지함이 추천한 젊은이를 사위로 맞아들였습니다. 이렇게 명문가인 한산 이씨댁으로 장가를 가게 된 젊은이는 바로 임진왜란 때 나라를 구한 명신 이덕형(1561~1613)입니다.

이덕형은 본래 한양에서 태어났으나 외가댁이 있는 포천에서 어린 시절을 보내고 17세 때 다시 한양으로 이사를 왔습니다. 포천에 살 때 이미 시와 글로 유명하였는데, 44세나 많은 대문장가 양사언이 그와 시를 겨루고는 이렇게 평하였습니다.

"그대는 나의 스승이지 맞수가 아닐세."

이렇듯 이덕형은 어린 시절부터 시와 글을 짓는 실력이 뛰어났습니다.

오성 이항복과 함께 공부하다

이덕형 하면 오성과 한음 이야기로 유명합니다. 오성은 이항복, 한음이 바로 이덕형인데, 이 둘이 재미있는 일화를 많이 남겼습니다. 그래서 두 사람이 비슷한 나이일 것으로 생각하지만 이항복이 이덕형보다 5살이나 많습니다. 그럼에도 친구가 된 것은 함께 서당을 다녔기 때문입니다.

하루는 서당에서 공부를 하는데, 훈장님이 졸고 있었습니다. 한음이 훈장님을 깨우며 물었습니다.

"훈장님, 왜 졸고 계십니까?"

훈장님은 눈을 뜨더니 태연하게 말하였습니다.

"졸긴 누가 졸아! 공자님 뵙고 오는 길이야."

잠시 뒤 훈장님이 보니 오성이 졸고 있는 것이었습니다. 훈장님은 회초리를 들고 오성에게 물었습니다.

"이놈아, 왜 조느냐?"

"저도 공자님을 뵙고 왔습니다."

오성의 재치에 훈장님은 회초리를 내려놓았습니다. 그런데 이번에는 한음이 졸고 있는 것이었습니다. 훈장님은 다시 회초리를 들고 물었습니다.

"너는 또 왜 조는 것이냐?"

한음은 고개를 갸우뚱거리며 대답했습니다.

> 🔍 **오성과 한음 이야기**
>
> 조선 시대 때 설화로 구전되어 온 이야기이다. 여러 가지 전해지는데, 대개 어린 시절 오성과 한음이 장난을 치며 생겨난 일화가 많다. 하지만 오성과 한음이 처음 만난 것은 오성이 22세, 한음이 17세 때이니 대부분 훗날 꾸며진 것으로 생각된다.

"훈장님, 방금 공자님을 뵙고 왔는데, 오성은 온 일이 없다는데요?"

한음의 재치 있는 말에 훈장님은 물론 오성도 크게 웃었습니다.

이덕형과 이항복은 1580년 치른 과거 시험에서 나란히 합격하여 더욱 친해졌습니다. 이때 이덕형의 나이는 겨우 20세이니 그가 얼마나 뛰어난 인재였는지를 알 수 있습니다.

특히 이덕형은 글이 뛰어나 중국에까지 소문이 났습니다. 명나라에서 온 사신들이 하나같이 이덕형을 만나 보고 싶어하였으나 이덕형은 공과 사를 명확히 구분해야 한다며 개인적으로 만나는 것을 피했습니다.

이덕형은 31세의 나이에 대제학에 올랐습니다. 오늘날의 서울대학교 총장쯤 되는 높은 벼슬을 받자 선조 임금에게 명을 거두어 달라는 상소를 올리기도 하였습니다. 하지만 선조 임금은 그에게 예조 참판도 겸하라며 벼슬을 하나 더 내렸습니다. 예조는 오늘날의 교육부·외교부·문화체육관광부에 해당되며, 참판은 차관쯤 되는 벼슬입니다. 31세의 나이에 대제학에 오른 것은 조선 시대를 통틀어 최연소 기록입니다.

임진왜란 때 능력을 발휘하다

1592년 임진왜란이 일어나자 이덕형은 이항복 등과 함께 선조 임금을 모시고 피난을 떠났습니다. 피난 행렬이 평양에 이르렀을 때 왜군으로부터 회담을 하자는 연락이 왔습니다.

"누가 나가야 하는가?"

선조 임금은 불안한 눈으로 신하들에게 물었습니다. 함부로 나섰다가는 죽을지도 모르므로 모두 주저하는데 이덕형이 선뜻 나섰습니다.

"신이 다녀오겠나이다."

대동강 가에서 적장 겐소와 마주앉은 이덕형은 먼저 왜군을 꾸짖었습니다.

"너희는 어쩌자고 군사를 일으켜 양국 간의 관계를 깨뜨리려고 하는 것인가?"

그러자 겐소가 대답했습니다.

"우리는 명나라로 들어가려고 하는데, 조선이 길을 내어 주지 않기 때문이다."

"그렇다면 더욱 안 될 일이다. 명나라는 우리에게는 부모와 같은 나라인데, 우리나라가 망하는 한이 있더라도 길은 내어 줄 수가 없다."

단호한 이덕형의 대답에 겐소는 놀랍기도 하면서 존경스럽기까지 했습니다. 서로 간에 의견 차이가 크니 자연히 회담은 실패로 돌아갔습니다.

이덕형이 돌아오자 조정은 대책 마련에 부산해졌습니다. 긴 회의 끝에 명나라에 원군을 요청하기로 하였는데, 이번에도 이덕형이 나섰습니다.

"신이 다녀오겠나이다."

막상 그렇게 말은 하였으나 이덕형은 걱정이 밀려왔습니다. 왜군은 바로 대동강까지 밀고 올라와 있었고, 또다시 조정은 피난을 가야 하는 상황이었습니다. 명나라가 얼마나 빨리 군대를 보내 줄지, 아니, 보내 주기나 할는지는 알 수 없었습니다. 이덕형은 이항복에게 답답함을 호소하였습니다.

"빨리 달려가야 하는데, 날쌔면서도 가벼운 말이 없으니 한스럽네."

그러자 이항복은 자기가 타고 온 말을 넘겨주면서 말하였습니다.

"원군이 오지 않으면 나를 시체 더미에서 찾아야 할 것이네."

그리하여 이덕형은 이항복의 말을 타고 명나라로 달려갔습니다. 명나라 황제를 대면한 이덕형은 명나라에서 원군을 왜 파견해야 하는지 조리 있게 설명해 이여송을 대장으로 하는 원군을 얻어 낼 수 있었습니다.

우리나라 서쪽 끝인 평안도 의주까지 피난을 갔던 선조 임금 일행은 명나라 원군에 힘입어 평양을 탈환하고 송도를 거쳐 한양으로 향하였습니다. 그러나 한양을 목전에 두고 벽제관(경기도 고양의 벽제동에 있던 객관)에서 왜군에게 패하는 바람에 잠시 주춤하는 상태였습니다.

이여송이 군사를 움직이려고 하지 않자, 모두들 답답하였습니다. 보다 못한 이덕형은 이여송이 머물고 있는 방을 찾아가 병풍에 시를 한 수 써 놓았습니다.

승부란 한 판의 바둑과 같은 것
전쟁은 꾸물거림을 가장 꺼린다.
알리라, 적벽 싸움이 전에 없던 공적이 된 것은
손 장군이 책상을 찍던 그때부터라는 것을.

《삼국지》에서 손권이 적벽대전에서 조조를 물리친 것을 표현한 시였습니다. 이덕형의 시를 본 이여송은 크게 감동을 받아 군대를 움직여 한양을 탈환하였습니다. 아울러 바다에서는 이순신 장군이 왜군을 크게 무찌르니 7년간이나 이어진 임진왜란이 끝났습니다.

공신을 사양한 명신

전쟁이 끝난 후 이덕형은 42세라는 젊은 나이로 영의정에 올랐습니다. 당시 조정에서는 임진왜란 때 공이 큰 신하들에게 호성공신을 내리고자 하였는데, 자신이 추천되자 마땅히 해야 할 일을 한 것뿐이라며 극구 사양하였습니다. 호성공신이란 임진왜란 때 선조 임금을 모시는 데 공이 큰 신하에게 내리는 칭호입니다. 영의정에 오른 지 3년 후 이덕형은 영중추부사로 임명되어 국가 원로의 대접을 받았습니다.

그가 영중추부사로 지낼 때 향후 나라에 큰 영향을 끼치게 될 중대한 일이 일어났습니다. 1606년 인목대비가 왕자를 낳자 세자를 다시 책봉해야 한다는 의견이 조정에서 나온 것입니다. 당시 세자는 후궁인 공빈 김씨가 낳은 광해군이었습니다. 후궁의 자식보다 왕비가 낳은 왕자가 우선이니 새 왕자인 영창대군이 세자가 되어야 한다는 주장이 제기된 것입니다.

광해군이 세자에 책봉된 것은 임진왜란 때문이었습니다. 난리가 나 왕실이 장차 어떻게 될지 장담할 수 없게 되자 서둘러 세자를 책봉하였는데, 왕자라고는 공빈 김씨가 낳은 광해군과 임해군 2명뿐이었습니다. 이 중 평판이 나은 광해군이 세자로 뽑힌 것입니다.

조정의 신하들은 크게 두 편으로 갈렸습니다. 영의정 유영경은 영창대군을 지지하였고, 광해군의 스승 이이첨과 정인홍은 반대하였습니다. 유영경을 따르는 이들은 소북파, 이이첨과 정인홍을 따르는 이들은 대북파라고 하여 두 파는 이후 팽팽한 논쟁을 전개하였습니다.

그런데 1608년 선조 임금이 갑자기 승하하자 광해군이 새 임금으로 즉위하였습니다. 그러자 대북파가 권력을 잡고 유영경을 처형시켰으며 임해군은 강화도로 유배를 보냈습니다. 일선에서 물러나 원로 대접을 받고 있던 이덕형으로서는 어느 편에도 가담하지 않았습니다. 그는 그 와중에 명나라

🔍 칠서의 옥 사건

이이첨 등이 강원도 소양강에서 시와 술로 세월을 보내던 서양갑, 박응서 등 7명의 서출(첩이 낳은 양반집 자제들)을 무작정 붙잡아다가 옥에 가둔 사건이다. 이이첨은 이들에게 영창대군을 왕으로 세우려는 역모를 꾸몄다고 하면 모두 살려 주겠다고 거짓 자백을 하게 하였다. 그리고 그 자백을 증거로 김제남과 영창대군을 처형하고 인목대비를 폐위해야 한다고 주장하였다.

에 사신으로 다녀온 후 영의정을 다시 맡았습니다.

이이첨과 정인홍 등은 유영경을 제거하였지만 영창대군이 살아 있어 근심이었습니다. 광해군은 서자인 반면 영창대군은 적자였기 때문입니다. 따라서 그들은 1613년 '칠서의 옥' 사건을 꾸미고 영창대군의 외할아버지인 김제남이 영창대군을 왕으로 옹립하려 했다며 사약을 받게 하였고, 영창대군은 서인으로 강등시켜 강화도로 유배를 보냈습니다. 또 인목대비는 서궁(덕수궁)에 유폐시키려 하였습니다.

이덕형의 별서 터 표석(경기도 남양주시 조안면 송촌리)

그간 참아 왔던 이덕형은 목숨을 던질 각오를 하고 인목대비의 서궁 유폐를 막으려고 하였습니다. 하지만 오히려 광해군의 미움을 샀고, 결국 삭탈관직을 당하여 벼슬에서 물러나고 말았습니다.

쓸쓸한 죽음

관직을 잃은 이덕형은 경기도 남양주의 용진으로 내려가 별서에 머물며 하루하루 탄식하며 보냈습니다. 그러다가 병을 얻어 결국 그 해 세상을 떠났습니다. 이덕형이 죽자 광해군은 몹시 슬퍼하며 후회

이덕형의 별서 터에 남아 있는 하마석

별서 터에 남아 있는 두 그루의 은행나무는 이덕형이 심었다고 전해진다.

하였습니다. 그러나 가장 슬퍼한 사람은 이항복이었습니다. 이항복이 문상을 왔을 때 이미 죽은 이덕형은 마치 그를 기다리는 듯 눈을 감지 못하고 있었습니다.

"여보게, 한음! 자네가 이이첨 등에게 반대할 때 내가 참은 것은 훗날을 기다리자는 뜻이었어. 자네는 알면서 왜 이리 눈을 감지 못하고 나를 원망하는가?"

이항복이 눈물을 흘리며 말하자 시신의 눈이 감겼다고 전합니다. 이항복은 친구를 보내며 시 한 수를 읊었습니다.

> 시골에 몰락한 채 혀를 잡아매려 했는데
> 그대 먼 길 떠나니 가만히 마음 상하네.
> 시를 써서도 감히 밝게 말 못 함은
> 헐뜯는 말을 즐겨 만들기 때문이네.

이덕형의 묘(경기도 양평군 양서면 목왕리)

    친구의 죽음 앞에 할 말은 많지만 더러운 권력패들이 무슨 말을 꾸밀까 싶어 말을 못 해 답답한 속마음을 표현하였습니다.

    이덕형은 별서에서 가까운 목왕리에 묻혔으며, 훗날 경기도 포천시 신북면의 용연서원에 위패가 모셔졌습니다. 이덕형 묘역에는 신도비와 영정각, 정려문이 있는데, 정려문은 임진왜란 때 왜군에게 몸이 더렵혀질까 스스로 목숨을 버린 이덕형의 부인 한산 이씨의 절개를 기리며 나라에서 내린 것입니다. 재

마치 불에 그을린 것처럼 검게 변한 이덕형의 묘비

이덕형의 위패를 모신 용연서원

실로 쓰이는 영정각에는 이덕형의 초상화가 보관되어 있습니다.

세월이 흐른 후 손자 이상정은 이덕형이 남긴 시와 글을 정리하여 《한음문고》라는 책으로 엮었습니다. 이 책에는 임진왜란 당시 실정을 잘 살펴볼 수 있는 글과 90여 편의 편지가 실려 있는데, 편지는 대부분 이항복에게 보낸 것입니다.

한편, 이항복은 이후 이덕형처럼 인목대비를 폐모시키자는 논의에 적극 반대하다 1618년 함경도 북청으로 유배를 당하였고, 그곳에서 결국 숨을 거두었습니다. 영창대군은 강화도에서 유배생활을 하던 중 이이첨의 사주를 받은 강화부사 정항에 의하여 죽음을 당하였습니다. 정항은 어린 영창대군을 방에 가둬 놓고 뜨겁게 불을 때어 죽였습니다.

광해군은 포악한 정치를 일삼다 1623년 인조반정으로 폐위된 후, 제주도로 유배되어 그곳에서 살다 숨을 거두었습니다. 그리고 이이첨은 광해군이 폐위되자 경기도 이천으로 달아났다가 붙잡혀 참형을 당하였습니다.

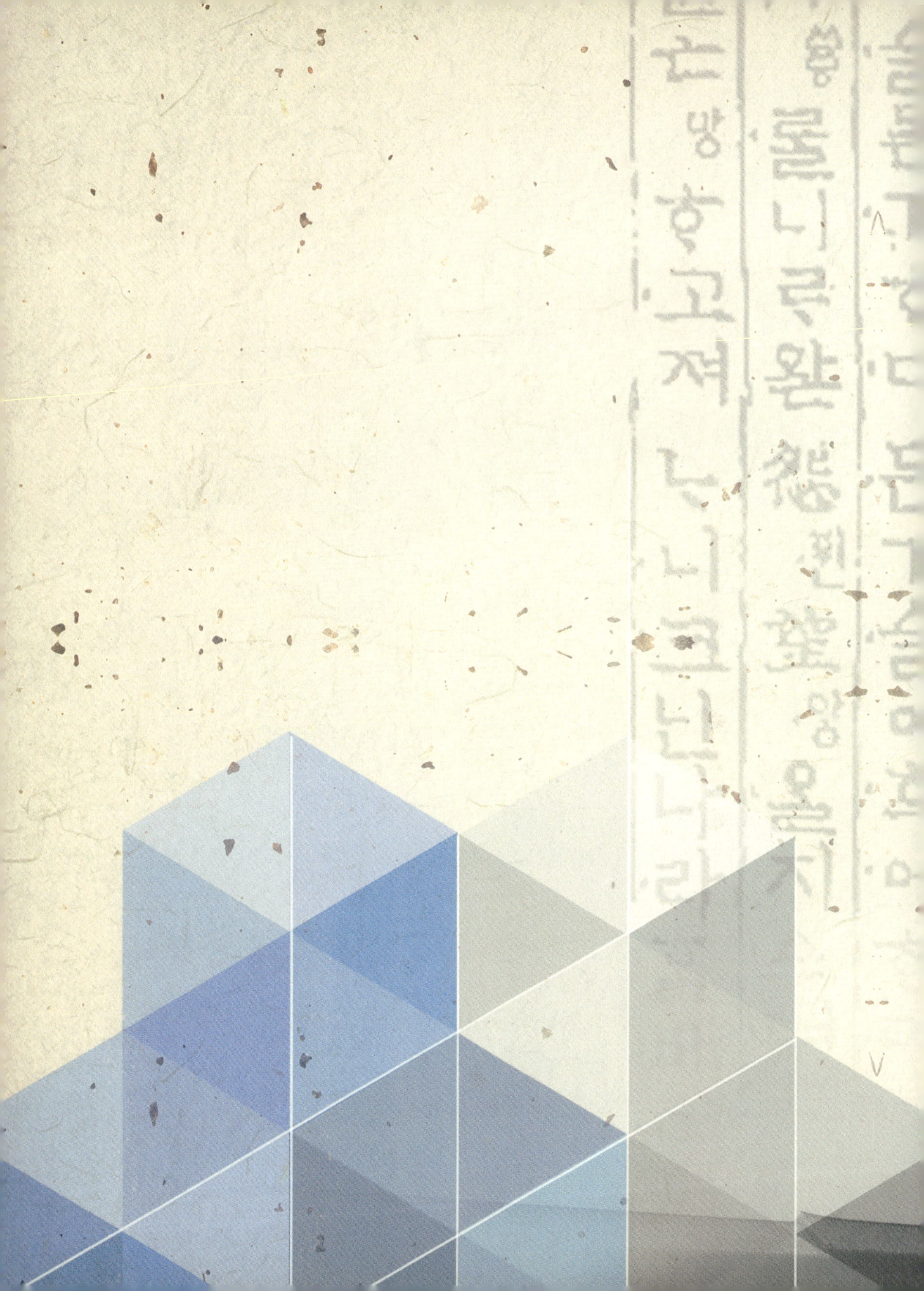

붓으로 나라를 지킨 문장가 이정구

임진왜란 때 이정구는 붓 한 자루로 명나라 관리의 거짓말을 따지는 글을 지어 곤란에 빠진 나라를 구하였습니다. 시와 문장을 잘하여 중국에까지 소문이 났던 이정구는 조선 중기 4대 문장가의 한 명으로 손꼽힙니다. 또한 아들과 손자, 3대에 걸쳐 대제학이 되어 이정구 가문은 조선 최고의 명가가 되었습니다. 과연 그 비결은 무엇이었을까요?

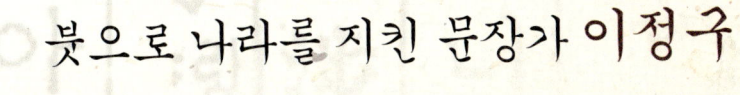

붓으로 나라를 지킨 문장가 이정구

　이계는 아내의 산통이 시작되자 불안하고 답답하여 밖으로 나서려고 대문을 열었습니다. 그런데 눈앞에 알록달록한 것이 넙죽 엎드려 있는데, 분명 호랑이였습니다.
　"호, 호랑이다!"
　이계는 오금이 저려 떨리는 손으로 대문을 '쾅' 하고 도로 닫았습니다. 놀라운 일이었습니다. 인왕산에는 호랑이가 자주 출몰하긴 하였지만 지대가 낮은 한양 청파동에, 그것도 주택 대문 앞에 호랑이가 엎드려 있다니……. 언제부터 거기에 있었는지 모르지만 몸집도 보통 큰 것이 아닌지라 누구도 감히 다시는 대문을 열지 못하였습니다. 그때 "응애응애!" 하는 소리가 안채에서 들려왔습니다. 다행스럽게도 아내가 아이를 낳은 것입니다. 잠시 후 대문을 열어 보니 호랑이는 온데간데없었습니다.
　나이 많은 사람들이 이 기이한 일을 말하기를 '문장이 뛰어난 아이가 태어난다는 징조'라며 이계를 축하해 주었습니다. 이때 태어난 아이가 바로 조선 중기 4대 문장가로 손꼽는 이정구(1564~1635)입니다.
　어른들의 말대로 이정구는 어렸을 때부터 문장에 뛰어나 6세 때 술에 취한 사람을 소재로 시를 지어 신동으로 소문이 났으며, 기억력도 좋아서 어떤 글이라도 한 번에 외울 정도였습니다. 14세의 어린 나이에 처음으로 과거 시험을 보아 생원에 합격하였으며, 22세 때 진사에 합격하고, 25세 때에 문과에 급제하여 벼슬길에 올랐습니다.

붓 한 자루로 나라를 구하다

하지만 관리가 된 지 겨우 2년 만에 임진왜란이 일어나 나라가 어지러워졌습니다. 이때 이정구는 대신들의 회의를 기록하는 가주서라는 직책을 맡아 전쟁으로 급박하게 돌아가는 조정의 일을 낱낱이 기록하였습니다.

그는 특히 글씨를 빨리 쓰면서도 글자가 예쁜지라 멀리서 바라보던 선조 임금이 가까이 다가와 쳐다볼 정도였습니다. 그러던 중 선조 임금이 실수로 벼루를 건드리는 바람에 이정구의 옷에 먹물이 쏟아졌습니다. 선조 임금이 멋쩍은 표정으로 되돌아가자, 모든 신하들은 이정구를 부러운 눈으로 바라보았습니다. 그만큼 임금의 관심을 받은 것이기 때문입니다. 이렇게 선조 임금의 눈에 든 이정구는 세자의 스승으로 선발되었습니다.

이정구는 또한 중국어도 잘하여 명나라 사신이 오면 통역을 맡았고, 외교 문서를 만들기도 하였습니다. 그의 이름은 사신들을 통하여 명나라에까지 알려지고 초청되어 경서를 강의하기도 하였

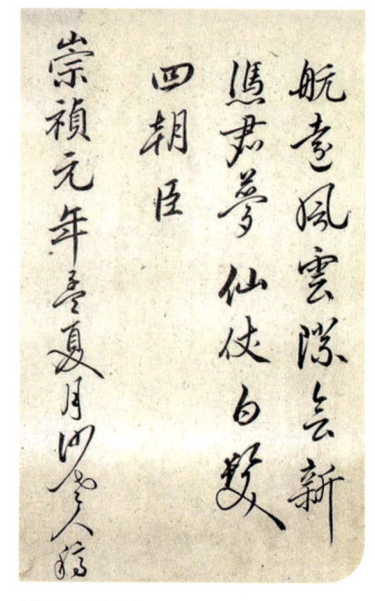

이정구의 글씨 《무진조천별장첩》에서

습니다. 명나라에 갔을 때 중국인들의 요청으로 그간 써 놓았던 기행문을 모아서 《조선기행문》이라는 책도 펴냈습니다.

이정구가 명나라에서 돌아오자 선조 임금은 반갑게 맞으며 칭찬하였습니다.

"이렇게 재주가 좋은 줄은 몰랐다!"

그러고는 승지로 임명하며 비단과 말을 상으로 내렸습니다. 승지는 정3품의 벼슬이니 정7품에서 8단계나 특진된 것입니다.

그런데 전쟁이 거의 끝나가던 1598년 엉뚱한 일이 일어났습니다. 명나라 관리인 정응태가 황제에게 거짓말을 한 것입니다.

"조선이 왜국을 끌어들여 명나라를 공격하려고 하였다."

이에 명나라 황제는 화가 나 있다는 것이었습니다. 이 소식을 접한 선조 임금은 황급히 이항복을 불렀습니다.

"이 일을 어찌하면 좋겠는가?"

선조 임금이 물으니 이항복이 대답하였습니다.

"제가 신흠에게 글을 짓게 하여 명나라에 다녀오겠나이다."

신흠은 당시 외교 문서를 담당하고 있었는데, 문장과 글씨가 뛰어나 후에 이정구와 함께 조선 중기 4대 문장가로 꼽혔습니다. 이항복의 말에 선조 임금은 곰곰이 생각하다 말을 꺼냈습니다.

"이정구가 학문이 깊고 문장이 뛰어난 것 같소. 또 계책과 사려도 이 사람을 따를 사람이 없소."

이리하여 이정구를 공조 참판으로 승진시킨 뒤 부사로 삼았습니다. 참판은 종2품이나 되는 높은 벼슬로 오늘날 차관급입니다. 30대 초반의 나이에 너무 높은 벼슬을 받은 이정구는 당황하여 선조 임금에게 명을 거두어 달라는 상소를 올렸습니다. 그러나 선조 임금은 상소를 받지 않았습니다.

"나랏일이 매우 시급하니 경은 사양하지 말라."

이정구는 막중한 임무를 맡아 어깨가 무거웠습니다. 정응태에 관하여 이리저리 알아본 후 그의 잘못을 조목조목 따져서 글을 짓고 제목을 〈무술변무주〉라고 붙였습니다.

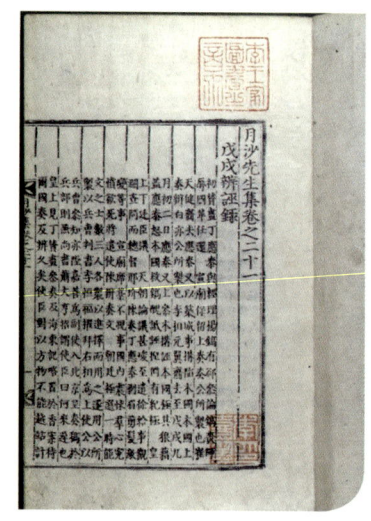

이정구의 〈무술변무주〉
(출처: 한국민족문화대백과)

조선은 본래 일본을 금수로 여겨 왔다. 고금 천하에 어느 바보가 적군을 자기 땅으로 끌어들여 스스로 자기 나라를 적군의 말발굽 아래 짓밟히게 하면서 군부의 나라와 땅을 다투려 하겠는가?

- 〈무술변무주〉의 일부

이정구는 그 글을 잘 접어 봉투에 넣은 후 이항복을 따라 명나라로 가서 황제에게 바쳤습니다. 황제는 이정구의 글을 읽더니 감격에 겨운 목소리로 말하였습니다.

"글이 참으로 명백하고도 통쾌하구나. 읽으면 읽을수록 눈물이 날 지경이

> 🔍 **조선 중기 4대 문장가와 조선 4대 문장가**
>
> 이정구와 함께 장유와 이식, 신흠은 조선 중기 4대 문장가로 불린다. 한편 조선 시대를 통틀어 손꼽는 4대 문장가는 정철과 박인로, 윤선도, 신흠이다.

다. 정응태의 거짓으로 짐이 대사를 그르칠 뻔하였구나. 여봐라, 당장 정응태를 파직시키고 조선을 위로하는 뜻을 전하라."

이정구가 붓으로 곤란에 빠진 나라를 구한 것입니다. 〈무술변무주〉는 이후 명나라에서 널리 읽혔고, 훗날 명나라에서 조선으로 오는 사신들은 이정구의 안부부터 물었다고 전합니다.

이항복은 백사, 이정구는 월사

이정구는 벼슬이 종2품이나 되는데도 아직 변변한 호가 없자, 고민 끝에 백사(白沙)로 삼기로 마음을 굳혔습니다. 그는 이항복을 찾아가 물었습니다.

"제 호를 백사로 짓고 싶은데, 어떻게 생각하십니까?"

이항복이 듣고 보니 꽤나 운치 있고 멋있는 호인지라 자신의 호로 삼고 싶어졌습니다. 그래서 화를 버럭 내며 대답했습니다.

"백사는 내가 어제 지은 내 호일세. 자네는 왜 내 허락도 없이 같은 호를 쓰려고 하는가!"

이정구는 그 말을 곧이곧대로 믿고 깜짝 놀라며 "송구스럽습니다." 하고 대답하였습니다. 집으로 돌아온 이정구는 자신의 호를 월사(月沙)로 바꾸었습니다.

임진왜란이 끝난 후 이정구는 승진을 거듭하여 대제학에 임명되었습니다. 30대 후반의 젊은 나이에 대제학에 오르니 이정구는 몸 둘 바를 몰라 선조 임금에게 명을 거두어 달라는 상소를 올렸습니다.

"경의 문장과 재덕으로 어떤 일을 못할 것인가! 사양하지 말라."

선조 임금은 오히려 이정구를 칭찬하였습니다.

이정구는 결국 대제학에 올라 나라의 학문을 진흥시키는 데 큰 역할을 하였습니다. 또 세자 책봉이 있었을 때 명나라에 사신으로 다녀오는 등 외교

관으로도 활동하였습니다.

하지만 1608년 선조 임금이 승하하고 광해군이 새 왕으로 즉위하자 시련이 닥쳐오기 시작하였습니다. 1613년에 일어난 계축옥사(이이첨, 정인홍 등의 대북파가 영창대군과 반대파 세력을 제거한 사건)로 조정이 발칵 뒤집어지자, 관직을 버리고 물러나며 당시 심경을 다음과 같이 시로 읊었습니다.

> 한밤중에 근심스러워 잠 못 이루어
> 일어나 앉아 무거운 이불을 걷는다.
> 강 달이 내 휘장으로 들어오고
> 강바람이 내 옷깃에 불어온다.
> 경치가 맑아 온갖 시름이 사라지니
> 곧 태고의 그 마음을 보겠다.
> 상 위에는 옛 책 놓여 있고
> 상 앞에는 장식 없는 거문고 놓여 있네.
> 내가 한 곡 연주하고 싶으나
> 온 세상에 음을 알아주는 사람이 없구나.
>
> −〈감흥 십수〉 중에서

광해군의 시대는 인조 임금이 왕위에 오르며 끝났고, 이정구는 예조 판서로 다시 복귀하였습니다. 조정에 복귀한 이정구는 선조 임금 때 못지않게 많은 일을 하였습니다. 이괄이 반란을 일으키며 한양까지 쳐들어오자 인조 임금을 모시고 공주로 피난을 갔으며, 정묘호란이 일어났을 때에는 병조 판서가 되어 인조 임금을 호위하였습니다. 이때의 공로로 우의정에 올랐으며, 곧 좌의정으로 승진하였습니다.

청빈하게 산 이정구 부부

　이정구는 재상이 되었어도 늘 청빈하게 살았습니다. 특히 그의 부인 안동 권씨는 평생 베옷만 입고 살 정도로 어질고 검소한 부인입니다. 어느 날 선조 임금의 딸인 정명공주 댁에 혼례식이 있어 고관대작의 부인들이 잔치에 초대되었습니다. 높은 벼슬아치의 부인들인지라 너도나도 화려한 복장에 값비싼 패물을 차고 잔치에 참석하였는데, 뒤늦게 한 늙은 부인이 허술한 가마에서 내리는 것이었습니다. 옷도 베저고리에 무명치마를 입어서 영락없는 시골 할머니 같았습니다.

　부인을 보고 여러 부인들이 쑥덕대기 시작하였습니다.

　"아니, 저런 촌 늙은이가 어떻게 이런 자리에 초대되었지?"

　부인에게 손가락질까지 하는 사람도 있었습니다. 하지만 부인이 잔치가 열리는 뜰로 올라오자, 정명공주는 버선발로 뛰어 내려가 부축을 하고는 극진히 맞아들여 상석에 앉히는 것이었습니다. 이에 다른 부인들은 궁금증이 더해만 갔습니다. '도대체 누구이기에 공주님이 신도 안 신고 뜰로 내려와 마중을 한 것일까?' 하고 말입니다.

　아무튼 잔치는 시작되었고 음식상이 들어왔는데, 그 늙은 부인은 몇 점 맛보는가 싶더니 가장 먼저 일어났습니다. 정명공주는 재빨리 부인의 손을 잡으며 말하였습니다.

　"해가 떨어지려면 아직 멀었으니 더 노시다 가시지요?"

　이에 부인이 대답하였습니다.

　"저희 집 대감은 약원 도제조로 새벽에 궁궐에 들어가셨고, 큰아들은 이조 판서로 바쁘며, 둘째 아들은 승지이온데 내일 아침에나 돌아온다 하니, 얼른 돌아가서 저녁식사를 차려 보내야 하므로 일찍 가야 합니다."

　이 말을 듣고 나서야 부인들은 그녀가 이정구의 부인 안동 권씨임을 알고 자신들의 차림새를 부끄러워했습니다. 정명공주는 이정구의 외손자 홍주원의 부인이니 권씨 부인은 곧 공주의 할머니뻘입니다.

   이 이야기를 살펴보면 이정구의 자손 중 벼슬을 산 사람이 많음을 알 수 있습니다. 이정구와 권씨 부인은 형제를 두었는데, 큰아들은 이명한, 작은 아들은 이소한으로 일찍 과거에 급제하여 벼슬길에 올랐습니다. 형제는 각각 4명의 아들을 두었는데, 그중 일곱 명이 과거에 급제하였고, 한 명은 진사 시험에 합격했습니다. 아들의 돌림자는 한, 손자의 돌림자는 상이라서 이들 모두를 '이한팔상(二漢八相)'이라고 합니다. 이들 중 이정구에 이어 이명한과 이일상이 대제학에 올라 3대에 걸쳐 대제학을 배출하였는데, 이는 조선이 세워진 후 최초의 일입니다. 대제학을 한 명만 배출해도 가문의 영광인데 3대를 연이어 배출하였으니, 이정구의 연안 이씨를 조선 최고의 가문 중 하나로 여깁니다.

   특히 이명한과 이소한은 이정구를 닮아 시를 잘 지었는데, 이 삼부자를 '3명의 소동파'라는 뜻으로 '동방의 삼소(三蘇)'라고 부릅니다. 소동파는 북송 때의 유명한 시인입니다. 특히 큰아들 이명한은 다음의 시를 남겼습니다.

> 동창이 밝았느냐 노고지리 우지진다.
> 소 치는 아이는 상기 아니 일었느냐.
> 재 너머 사래 긴 밭을 언제 갈려 하나니.

《청구영언》에는 이 시조가 숙종 때 영의정을 지낸 남구만이 지은 것으로 나오나 학자들에 따라 이명한의 작품이라는 주장도 있습니다.

병자호란 풍파를 겪은 이정구 가문

   1635년 이정구는 72세를 일기로 세상을 떠났습니다. 이정구가 숨을 거두던 날, 하늘에는 구름이 전혀 없는데도 번개가 치고 하늘이 붉게 변하였다고 합니다. 이정구가 죽었다는 소식을 들은 인조 임금은 3일 동안 소식을 하였으며, 신하를 보내 조문을 했습니다. 여기에서 소식이란 조금 먹는 것이 아니라 고기반찬이 없는 소박한 음식을 먹는 것을 말합니다. 임금이 그러하니 세자와 사대부들은 물론 성균관에서 글을 공부하는 유생들까지 모두 이정구의 죽음을 슬퍼하였습니다. 이정구는 경기도 용인의 문수산 자락에 묻혔으며, 문충이라는 시호가 내려졌습니다.

이정구가 죽은 지 1년이 지나 병자호란이 일어났습니다. 두 아들은 권씨 부인과 가족을 이끌고 강화도로 피신하였으나 청나라에 강화도가 점령을 당하는 바람에 여러 명이 목숨을 잃고 말았습니다. 이정구의 작은며느리와 손자며느리는 자결을 하였고, 손자 한 명은 적이 쏜 화살에 맞아 죽었습니다. 또 포로로 잡힌 이들도 여럿입니다.

그 와중에 권씨 부인은 큰아들을 따라 교동도로 피신하였습니다. 목숨이 경각에 달린 위험한 상황에서도 권씨 부인은 나라와 백성을 먼저 생각하였습니다.

"우리 집안은 대족이므로 먼저 움직여서 백성들의 희망을 어길 수는 없다. 만일 한 가문이 죽는다 하더라도 죽는 자는 3명뿐이다."

전쟁은 인조 임금이 항복을 하며 끝났고, 포로로 잡혔던 가족들도 풀려났습니다. 이때 둘째 아들 이소한이 돌아오자 권씨 부인은 이런 말을 남기고 숨을 거두었습니다.

"네 처와 손자며느리는 절의를 지키기 위해 죽었고, 손자는 효를 위해 죽음을 택했다. 내 지금 죽어도 부끄러울 것이 없구나."

이후 보름이 지난 뒤 큰며느리도 죽었으며, 두 달 뒤에는 손자의 처도 남편을 따라 죽었습니다. 나라에서는 이정구 가문에 정려문을 내려 효심과 정절을 세상에 널리 알렸습니다.

조선 최고의 가문이 된 까닭

병자호란으로 여러 가족을 잃은 불행이 이정구의 묘를 잘못 써서 생긴 것으로 여긴 후손들은 경기도 용인에 있던 이정구의 묘를 가평군 상면 태봉리로 옮겼습니다. 묘 입구에는 사당과 삼세정려각, 삼세비각, 장판각 등 작은 건물이 여러 채 서 있는데, 이 중 삼세정려각은 병자호란 때 죽은 두 여인의 정려문과 가족을 대신해 화살을 맞고 끝내 숨을 거둔 이정구의 손자를 기리는 효자문을 말합니다. 삼세비각은 3대에 걸쳐 대제학을 지낸 이정구, 이명한, 이일상의 신도비를 보호하는 건물이고, 장판각은 이정구의 문집인 《월사집》을 새긴 목판본을 보관하는 서고입니다. 《월사집》은 명나라와 일본을 오가며 지은 기행시가 많은데, 임진왜란 전후 사회를 이해하는 데 귀중한 자료입니다.

한편 묘로 가는 길목에는 이천보의 고가가 있는데, 이천보는 이정구의 후손으로 영조 때 영의정을 지냈습니다. 이정구 가문은 이후로도 많은 인재들을 배출하여 조선 시대에 총 8명의 정승과 7명의 대제학, 6명의 청백리가

장판각 내에 있는 《월사집》 목판본

3대 대제학을 지낸 이정구, 이명한, 이일상의 신도비가 있는 삼세비각(경기도 가평군 상면 태봉리)

삼세정려각은 병자호란 때 강화도에서 목숨을 끊은 여주 이씨(이소한의 처)와 전주 이씨(이일상의 처)의 열녀문과 부친을 대신해 화살을 맞고 죽은 이가상(이명한의 차남)의 효자문이다.

나왔으며, 문과에 급제한 사람만 해도 250명이나 됩니다. 연안 이씨를 조선 최고의 가문으로 부르는 이유를 충분히 알 수 있습니다.

그런데 연안 이씨가 이렇게 명문으로 발돋움한 데에는 세조 임금 때 호조판서를 지낸 이석형의 부인 연일 정씨의 역할이 컸습니다. 정몽주 선생의 증손녀인 연일 정씨는 꾀를 내어 정몽주가 묻힐 곳에 남편의 묘를 써 후손들이 번성하였다는 것입니다. 바로 이정구가 처음에 묻혔던 경기도 용인의 문수산 자락이 그곳입니다.

연일 정씨가 아이를 낳기 위하여 친정에 와 있을 때의 일입니다. 아버지 정보가 정몽주 할아버지의 묘를 개성에서 경상북도 영천으로 이장할 때 따라나섰습니다. 이장 행렬이 경기도 용인을 지나는데 갑자기 회오리바람이 불더니 명정(죽은 사람의 신분을 적어서 상여 앞에 세우는 기)이 바람에 날아가는 것이었습니다.

"큰일이다! 얼른 명정을 찾아라."

정몽주의 묘(왼쪽)와 이석형의 묘(오른쪽)

정보의 외침에 사람들이 명정을 뒤쫓아가 보았더니, 야트막한 산자락에 내려앉는 것이었습니다. 하도 기이한 일인지라 지관(풍수설에 따라 집터나 묏자리 등의 좋고 나쁨을 가려내는 사람)을 불러 살피게 하였더니 명정이 떨어진 자리가 명당이라고 하였습니다.

"할아버지께서 스스로 좋은 자리를 찾으셨구나. 구태여 영천까지 가지 않아도 되겠다."

그리하여 그곳에 묘를 쓰기로 하고 땅을 팠지만 날이 저물어 하관은 하지 못하고 일단 산에서 철수하였습니다.

이를 처음부터 지켜보던 연일 정씨는 갑자기 그 자리가 탐났습니다. 그녀는 우선 술과 안주를 준비하여 그곳에 남아 있는 인부들에게 술을 먹여 곯아떨어지게 한 뒤, 하인들을 시켜 밤새도록 물을 길어 와 구덩이에 붓게 하였습니다. 다음 날 사람들이 와 보니 구덩이에 물이 가득 차 있어 조금 옆으로 옮겨 묘를 쓸 수밖에 없었습니다.

훗날 이석형이 죽자, 연일 정씨는 정몽주 선생이 쓰려던 묘에 묻어 장례를 치렀습니다. 오늘날 경기도 용인시 처인구 모현면 능원리의 문수산 자락에 정몽주 선생의 묘와 이석형의 묘가 나란히 서 있는 것은 이 때문입니다.

다른 이야기로는 연일 정씨가 1445년에 친정에서 아들을 낳고 산후조리를 하다 죽었는데, 정보가 사위 이석형에게 미안한 나머지 자신이 묻힐 자리를 딸의 묘로 쓰게 하였고, 훗날 이석형이 죽자 그곳에 합장하였다고도 합니다.

아무튼 이석형의 묘를 잘 써 이정구라는 대문장가가 나왔다고 합니다. 그러나 이정구 묘는 잘못 써 집안에 풍파가 일어나는 바람에 가평으로 이장하였고, 이후 많은 인재들이 나왔으니 현재의 묘가 더욱 명당인 것 같습니다.

이정구의 묘(경기도 가평군 상면 태봉리)

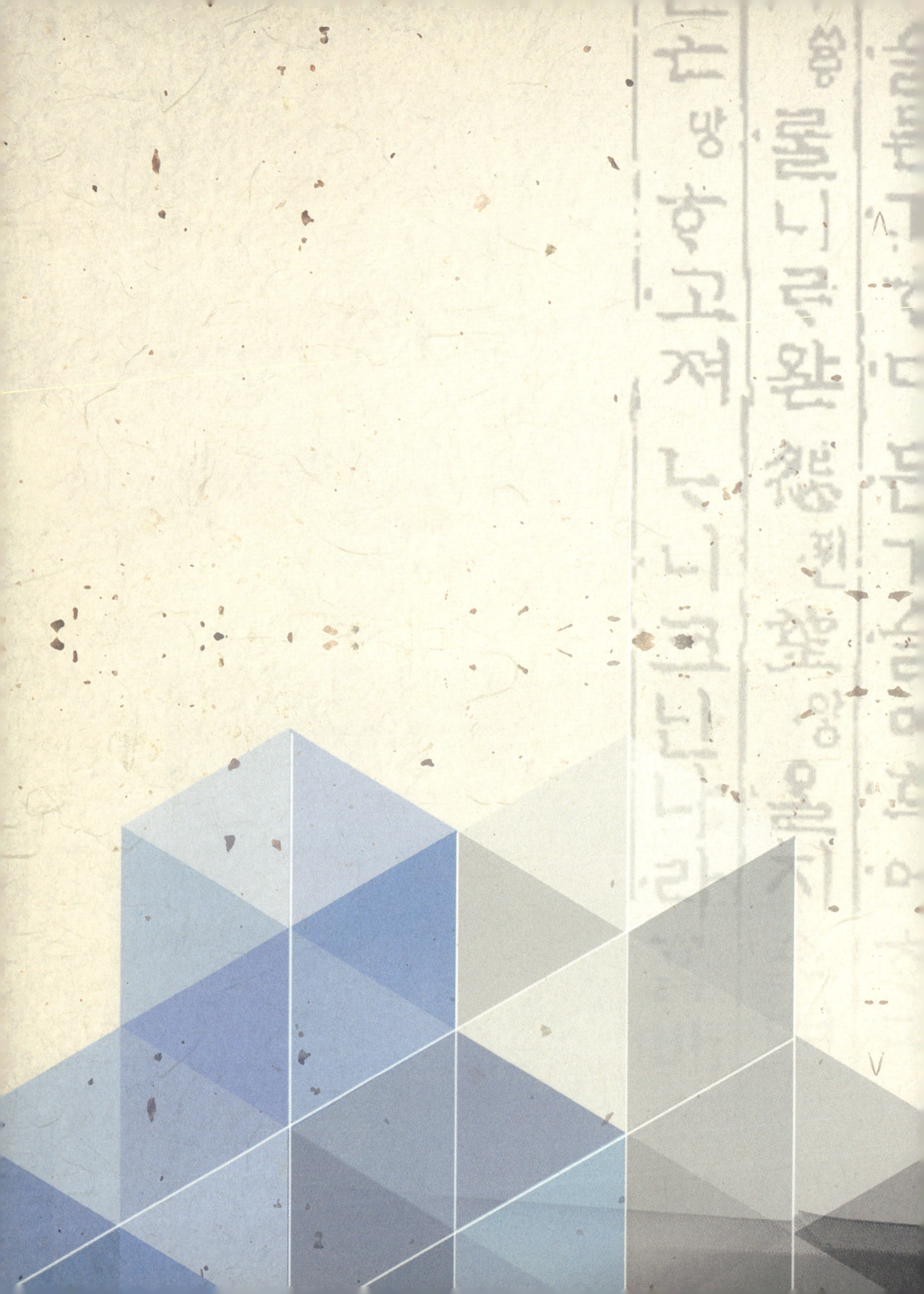

조선 최고의 시인 윤선도

윤선도는 조선 시대 최고의 시인입니다. 가사의 일인자는 정철, 시의 최고봉은 윤선도라고 합니다. 불의와 타협하지 않아 숱한 세월을 유배지에서 보냈지만 자연 속에서 풍류를 즐기며 많은 작품을 남겼습니다. 해남 윤씨 종가인 녹우당에는 그러한 윤선도의 흔적이 고스란히 남아 전해집니다. 윤선도의 멋진 삶을 함께 알아볼까요?

조선 최고의 시인 윤선도

　임진왜란이 잠시 멈추었던 1594년 어느 날, 한양 연화방(현재 종로구 대학로 마로니에 공원 근처) 해남 윤씨 댁 사랑채에서 가족 회의가 열렸습니다.
　"형님, 선도를 양자로 들여야 할 듯합니다."
　윤유기는 어렵게 말을 꺼냈습니다.
　"기이한 운명이로다. 너도 양자로 들어갔는데, 슬하에 아들이 없으니……."
　윤유기보다 네 살 위인 윤유심은 근심이 가득한 얼굴로 말했습니다. 선도는 삼 형제 중 둘째로 윤유

윤선도의 초상화

윤선도가 살던 해남 윤씨 종가 녹우당(전라남도 해남군 해남읍 연동리)

심이 매우 아끼는 아들이었습니다. 기억력이 남달리 뛰어나고 시를 잘 지었습니다. 이제 8세로 한창 놀아야 할 나이인데, 종가의 대를 잇기 위해 멀리 전라도 해남으로 보내야 하니 마음이 짠해졌던 것입니다.

윤선도(1587~1671)는 숙부 윤유기를 따라 전라도 해남으로 내려갔습니다. 윤유기는 양자로 들인 윤선도를 훌륭하게 키우기 위해 한양에서 스승을 모셔 오기도 했고, 자신이 지방으로 발령이 나면 윤선도를 데리고 다니며 가르치기도 했습니다. 또 절에 보내어 공부에 더욱 집중할 수 있도록 배려하기도 했습니다. 공부를 열심히 하는 윤선도를 지켜보는 그의 마음은 기뻤습니다.

"나는 아들이 없으나 효자를 얻었으니 여한이 없다."

윤선도가 윤유기의 양자로 들어갔다는 문서가 해남 윤씨 종가인 녹우당에 전해지는데, 윤선도 작품들과 함께 '윤고산 수적 및 관계문서'라는 명칭으로 보물 제482호로 지정되어 있습니다.

녹우당(綠雨堂)의 현판. 녹우라는 이름은 뒷산에 있는 비자나무 숲이 바람에 흔들리면 푸른 비가 내리는 것 같다 하여 붙여졌다.

유배 떠나는 성균관 유생

윤선도는 17세 때 진사 시험에 합격하였고, 20세 때에는 과거 시험에서 장원으로 급제하였습니다. 젊은 나이에 장원급제를 하였으니 앞날이 창창하였으나 친부모와 양부모가 차례로 돌아가시는 바람에 젊은 시절을 힘들게 보냈습니다. 그 때문에 윤선도는 30세에 이르도록 성균관 유생으로 남았습니다.

그 사이 세상은 바뀌어 광해군이 새 임금이 되었고, 예조 판서 이이첨 등이 권력을 잡고 정치를 제멋대로 해 나갔습니다. 이이첨은 자신의 경쟁자인 유영경을 죽였고 광해군의 형인 임해군, 영창대군과 영창대군의 외할아버지인 김제남 등을 차례로 제거하였습니다. 또 영창대군의 어머니인 인목대비를 폐모시켜야 한다고 주장하였습니다.

이렇게 이이첨이 왕족을 비롯하여 많은 이들을 제거한 이유는 광해군이 후궁의 아들로 왕위에 올랐기 때문입니다. 본래는 영창대군이 정비의 아들이나 선조 임금이 갑자기 죽게 되자 임진왜란 때 세자에 책봉된 광해군이 왕위에 오른 것입니다. 영창대군이 살아 있으니 문제가 생길 수 있다고 판단하자 영창대군과 그를 지지하는 세력을 몰아냈던 것입니다.

성균관 유생들은 이이첨의 악행을 두고만 볼 수 없었습니다. 특히 인목대비를 폐모시키려고 하자 너도나도 상소를 올렸고, 윤선도 역시 '병진소'라는 상소문을 올렸습니다.

'권세가 아래로 옮아가 임금의 형세가 위태로워졌고, 민심과 풍속이 어그러졌습니다. 인재 등용이 불공평하며 과거 시험에 부정이 있으니 먼저 권세를 마음대로 휘두르는 이이첨을 베고, 다음으로 임금을 배반하고 나라를 저버린 유희분, 박승종 등의 죄를 다스려야 합니다.'

그러나 성균관 유생들의 상소는 이이첨의 손에 먼저 들어갔고, 이이첨은 상소를 올린 사람들을 유배 보내게 하였습니다.

"윤선도는 절도에 안치하고, 그 아비 윤유기는 삭탈관직하여 고향으로 돌려 보내라."

광해군의 명령에 윤선도는 관직에 서 보지도 못한 채 유배를 떠나야 했습니다. 윤선도는 1617년 1월, 유난히도 추운 함경도 지방으로 떠나며 울분을 삼켰습니다. 더구나 유배를 당했을 때 양아버지마저 세상을 떠나니 윤선도의 슬픔은 더욱 컸습니다.

세월은 흘러 광해군이 쫓겨나고 인조 임금이 새로운 왕이 되자 유배를 당했던 사람들이 풀려나 조정으로 돌아왔고, 윤선도도 의금부 도사라는 관직을 받았습니다. 그러나 윤선도는 아직은 자신이 나설 때가 아니라고 생각하고 해남으로 내려갔습니다. 이후 4년 동안 공부를 하여 1628년 과거 시험에 장원으로 급제하였습니다.

윤선도는 장유의 추천으로 봉림대군과 인평대군을 가르치게 되었는데, 대군들을 가르치면서도 학문을 게을리하지 않아 증광시 문과에 응시해 급제하여 사헌부 지평에까지 올랐습니다. 하지만 당시는 당파 싸움이 치열한 시대였습니다. 세력이 약한 남인에 속한 윤선도는 서인의 모함을 받아 성산 현감으로 좌천되었다가 결국 파직을 당하고 해남으로 내려가야 했습니다.

신선처럼 살았던 은거생활

윤선도가 해남으로 내려와 있는 사이 병자호란이 일어나 임금이 강화도로 피신한다는 소식이 들려오자, 수백 명의 사람들과 배를 구해 강화도로 향했습니다. 하지만 이미 인조 임금이 남한산성에서 버티다 청나라에 항복했다는 것이었습니다.

윤선도는 오랑캐에게 나라를 빼앗긴 것이 분하고 억울하여 숨어 살기로 마음먹고 배를 돌려 제주도로 향했습니다. 며칠 후 완도를 지나다 풍랑을 만나는 바람에 보길도에 내렸는데, 경치가 매우 아름다운지라 그곳에 머무르기로 하였습니다.

산에서 흘러내리는 계곡 물을 끌어들여 연못을 만들고 서재를 갖춘 집도 지었는데 연못은 세연정, 집은 낙서재로 이름을 붙였습니다. 또 주변을 둘러보면 사방의 산들이 연꽃이 반쯤 핀 모양이라서 그곳을 부용동이라고 하였습니다.

하지만 윤선도는 병자호란 때 강화도까지 왔음에도 임금을 뵙지 않고 내려갔다고 하여 1년간 경상도 영덕으로 유배를 가야 했습니다. 유배지에서 돌아온 뒤로는 보길도와 해남을 오가며 시를 짓고 음악을 들으며 살았습니다.

그러던 어느 날 자물쇠가 잠긴 금쇄 석궤를 얻는 꿈을 꾸었습니다. 당시 윤선도는 보길도 이외에도 은거하기 좋은 곳을 찾고 있었는데, 해남의 현산면에 있는 한 산에 올라 보니 북서쪽 이외에는 사방이 가파르고 험한 바위로 가로막혀 있고, 정상 부근에는 3만 평의 넓은 분지가 있는 것이 꿈과 딱 들어맞는 것이었습니다. 그리하여 그곳을 금쇄동이라 이름을 짓고 〈초득금쇄동〉이라는 시를 지었습니다.

> 귀신이 다듬고 하늘이 감춰 온 이곳
> 그 누가 알랴 선경인 줄을.
> 깎아지르나니 신설굴이요
> 에워 두르나니 산과 바다로다.
> 뛰는 토끼 나는 까마귀 산봉우리 넘나들고 올라와 보니
> 전날 밤의 꿈과 같음을 알겠구나.
> 옥황상제께서는 무슨 공으로 내게 석궤를 주시는고.

윤선도는 금쇄동에 회삼당과 불훤요 등 여러 채의 건물을 지었으며, 연못을 만들어 물고기를 길렀습니다. 그리고 자연을 즐기며 시를 지으니 〈오우가〉가 바로 이때 지은 시입니다. 〈오우가〉는 자연을 아름다운 우리 말로 표현한 작품으로 오늘날에도 많이 애송되고 있습니다. 여기에서 '오우'란 물과 돌, 소나무, 대나무, 달을 말합니다. 금쇄동은 오늘날 해남 윤선도 유적으

서울 대학로 마로니에 공원에 있는 〈오우가〉 시비

로 사적 제432호로 지정되어 있습니다.

한편, 윤선도는 보길도에서도 전원 생활을 즐겼습니다. 다음은 윤선도의 5대손 윤위가 지은 《보길도지》에 나오는 구절입니다.

> 세연정에 작은 배를 띄운 후 아이를 태워 연못을 돌게 하였으며, 공(윤선도)이 지은 〈어부사시사〉를 부르게 하였다. 정자 위에서는 악기를 연주하게 하였으며, 동대와 서대에서는 기희들에게 춤을 추게 하였다. 또한 옥소대에서는 긴소매 차림으로 춤을 추게 하니 연못 위에 그림자가 운치 있게 움직였다.

윤선도가 은거하는 동안 세상은 또 바뀌어 봉림대군이 새 왕위에 오르니 효종 임금입니다. 대군 시절 윤선도에게 배운 바 있는 효종 임금은 이런 말을 하며 스승에게 예조 참의 벼슬을 내렸습니다.

"윤선도는 세상 사람들이 청탁하고 끌어 주고 하는 등의 꼴을 본받지 아니하고 시골에서 본분을 지켰다."

윤선도는 늦게나마 꿈을 펼쳐 볼까 하여 벼슬길에 나섰지만 또다시 당파 싸움에 밀려 사직을 하고 경기도 양주의 고산에 은거하였습니다. 고산은 현재 남양주시와 구리시 경계 지역인 수석동 고산촌입니다. 윤선도는 그곳에 별서를 짓고 머물렀는데, 그의 호 고산(孤山)은 이곳에서 비롯되었습니다. 윤선도는 고산촌에서도 시를 열심히 써 〈동호유람〉, 〈몽천요〉와 같은 작품을 남겼습니다.

〈어부사시사〉는 〈오우가〉와 함께 윤선도의 대표작으로 사계절마다 10수씩 모두 40수로 이루어진 연시조입니다. 아름다운 우리 말로 씌어져 문학 연구는 물론 국어 연구에도 귀중한 자료가 되고 있습니다.

앞 강에 안개 걷고 뒷산에 해 비친다.

배 띄워라, 배 띄워라.

썰물은 밀려가고 밀물은 밀려온다.

찌거덩 찌거덩 어야차

강촌에 온갖 꽃이 먼 빛이 더욱 좋다.

-〈어부사시사〉 춘사 1

유배생활만 20여 년

고산과 보길도, 금쇄동 등지를 두루 다니며 살던 윤선도는 1657년 동부승지로 임명되어 다시 벼슬길에 나섰습니다. 동부승지는 임금의 비서실장입니다. 하지만 2년이 지나 효종 임금이 승하하여 더 이상 꿈을 펼칠 수가 없었습니다.

평소 풍수지리에 밝았던 윤선도는 효종 임금의 능을 정하는 일을 맡았습니다. 그는 평소에 봐 둔 곳 중 수원이 길지(좋은 땅)라며 추천했지만 송시열 등 서인들이 반대를 하고 나섰습니다. 효종 임금은 서인들의 주장에 따라 오늘날의 동구릉 자리에 묻혔습니다. 하지만 30년 후 효종의 능에 있는 석물에 흠이 나 빗물이 새어들 염려가 있자, 경기도 여주에 있는 세종대왕 능 옆으로 능을 옮겼습니다. 그리고 윤선도가 지목했던 자리에는 훗날 정조대왕이 사도세자의 능을 조성하여 당시 윤선도의 말이 옳았음을 알 수 있습니다.

윤선도는 사사건건 송시열 등 서인들과 부딪쳤습니다. 특히 예송 문제로 치열하게 싸웠는데, 남인이던 윤선도는 결국 관직을 잃고 함경도 삼수에 유배되었습니다. 이때 윤선도의 나이는 74세, 늙고 지친 그는 유배 가는 길이 마치 죽으러 가는 것 같았습니다. 그곳에서 4년, 그리고 다시 전라도 광양

보길도 부용동 정원에 있는 혹악암(전라남도 완도군 보길면)

으로 이송되어 4년, 윤선도는 8년 동안 긴 유배생활을 하였습니다.

효종 임금의 뒤를 이은 현종 임금이 윤선도의 유배를 풀어 주려 하자, 서인들은 반대를 하였습니다. 이에 현종 임금은 특명을 내렸습니다.

"나이가 많으니 석방하는 것이다."

그리하여 윤선도는 82세라는 나이에 겨우 고향으로 돌아올 수 있었습니다. 80여 년 사는 동안 유배생활만 20여 년이 되니 인생의 4분의 1은 타지에서 보낸 셈입니다. 그러나 이 때문에 그는 많은 시조를 지어 조선 최고의 시인으로 불립니다.

가난한 이들을 돕고 명당에 묻히다

윤선도는 호남 3대 부자의 한 명으로 가난한 친척이나 주변 사람들에게 베푸는 일을 게을리하지 않았습니다. 특히 84세 때에는 가난한 사람들을 돕기 위한 농장을 마련하여 곡식으로써 가난한 이들을 도왔습니다.

1671년 6월, 윤선도는 보길도 부용동의 낙서재에서 85세의 나이로 숨을 거두었습니다. 같은 남인으로 서인들과 맞서 싸웠던 허목은 애통해하며 〈신도비문〉을 지었습니다.

비간은 심장을 갈라 죽었고
백이는 굶어 죽었네.
굴원은 강물에 빠져 죽었고
고산은 궁색할수록 더욱 뜻이 굳어
죽음에 이르도록 변치 않았으니
의를 보고 목숨 걸기는 마찬가지였네.

허목은 〈신도비문〉에서 윤선도를 천하의 의인들에 비교하였습니다. 나라에서는 윤선도를 이조 판서에 추증하였으며, 훗날 영조 임금은 충헌이라는 시호를 내리며 윤선도에게 불천위 제사를 올리도록 어명을 내렸습니다. 불천위 제사란 4대조 봉사를 하는 보통 제사와는 달리 앞으로 영구히 제사를 올리라는 뜻입니다.

윤선도 묘는 전라남도 해남의 문소동에 있습니다. 이 묏자리에 대한 흥미로운 이야기가 전해집니다. 본래 이 묏자리는 윤선도의 고모부인 이의신이 봐 둔 자리였는데, 윤선도가 재치를 발휘하여 얻었다고 합니다.

이의신이 윤선도의 집인 해남 녹우당에 머물 때, 밤마다 나귀를 타고 나갔다 새벽에 돌아오는 것이었습니다. 이의신이 풍수에 밝다는 것을 알고 있는 윤선도는 며칠 후 이의신이 곯아떨어지도록 술을 권한 후 이의신의 나귀에 올라탔습니다. 나귀는 얼마 후 산속으로 들어가더니 중턱에 이르러 걸음을 멈추었습니다. 윤선도가 나귀에서 내려 주변을 살펴보니 곳곳에 나귀 똥이 널려 있고 담뱃재도 있었습니다. 이의신이 매일 오던 곳이 분명해 주위를 살펴보니 명당자리가 틀림없어 회심의 미소를 짓고 그 자리에 말뚝을 박아 두었습니다.

다음 날 윤선도는 이의신에게 능청을 떨며 말했습니다.

"고모부님, 제가 묘를 하나 잡아 놓았는데, 봐주시지요."

그리하여 윤선도를 따라나선 이의신은 깜짝 놀랐습니다. 자신이 점찍어 놓은 자리에 쥐도 새도 모르게 말뚝이 박혀 있는 것이었습니다. 그때서야 이의신은 체념한 채 말을 꺼냈습니다.

"명당은 주인이 따로 있는 법이로구나. 하하하!"

이의신은 한바탕 웃고는 묘를 쓸 때의 방향을 제대로 잡아 주었다고 전합니다.

보물이 가득한 해남 윤씨 종가 녹우당

전남 해남의 녹우당은 윤선도가 살았던 종가입니다. 집 뒤 산자락에 우거진 비자나무 숲이 바람에 흔들릴 때마다 푸른 비가 내리는 것 같다고 하여 집 이름을 녹우당(綠雨堂)으로 붙였습니다. 그런데 이 녹우당과 사당 등을 함께 부를 때에는 해남 윤씨 녹우단(사적 제167호)이라고 합니다.

녹우단 내에는 안채와 사랑채, 행랑채 등의 건물과 사당 3곳, 추원당이 있으며, 본래는 백련서원과 후원에 별당채도 있었으나 현재는 전하지 않습니다. 사당이 3개인 것은 본래 종가에서 4대조 봉사를 하는 가묘 이외에도 이곳에 처음 터를 잡은 윤선도의 4대조 윤효정을 모시는 어초은 사당, 그리고 윤선도를 모시는 고산 사당이 별도로 있기 때문입니다.

500년 이상 대대손손 이어 온 종가답게 녹우당에는 많은 가보들이 전해지는데, 고산유물관에 4,600여 점이 전시되어 있습니다. 이 중 윤선도의 증손자인 윤두서의 자화상은 국보 제240호 지정되어 있으며, 《해남 윤씨 가전 고화첩》(보물 제481호)과 윤고산 수적 및 관계문서 (보물 제482호), 지정 14년 노비 문서(보물 제483호)가 각각 보물로 지정되어 있습니다.

녹우당의 '운업(芸業)' 현판. 운업이란 잡초를 뽑아 숲을 무성하게 한다는 의미이다.

녹우당의 '정관(靜觀)' 현판. 정관이란 선비는 조용히 홀로 있을 때에도 자신의 흐트러진 내면 세계를 살펴 고친다는 뜻이다.

한편, 뒷산의 비자나무 숲은 윤효정이 '뒷산의 바위가 보이면 마을이 가난해진다.'는 유훈을 남기자, 후손들이 나무를 심고 보호해 온 숲으로 천연기념물 제241호로 지정되어 있습니다. 500년생 비자나무가 400여 그루나 자라는데, 이 숲에서 얻은 비자로 만든 비자강정은 해남 윤씨 종가에 전해지는 특별 음식입니다.

윤선도가 죽은 지 340여 년이 지났지만 이렇게 많은 유물과 흔적이 녹우당에 고스란히 전해져 놀랍습니다. 끝으로 윤선도의 대표작인 〈오우가〉를 소개합니다.

내 벗이 몇인고 하니 수석(水石)과 송죽(松竹)이라.
동산에 달 떠오르니 그 더욱 반갑고야
두어라 이 다섯밖에 더 있어 무엇하리.

구름 빛이 좋다 하나 검기를 잘도 한다.
바람소리 맑다 하나 그칠 적이 많도다.
좋고도 그칠 적 없기는 물뿐인가 하노라.

꽃은 무슨 일로 피어서 쉬이 지고
풀은 어이하여 푸른 듯 누르나니
아마도 변치 않을 것은 바위뿐인가 하노라.

더우면 꽃 피고 추우면 잎 지거늘
솔아, 너는 어이하여 눈서리를 모르는가.
구천에 뿌리 곧은 줄을 그로 하여 아노라.

나무도 아닌 것이 풀도 아닌 것이
곧기는 뉘 시기며 속은 어이 비었는가.
저렇게 사시에 푸르니 그를 좋아하노라.

작은 것이 높이 떠서 만물을 다 비추니
밤중에 광명이 너만 한 이 또 있으랴.
보고도 말 아니 하니 내 벗인가 하노라.

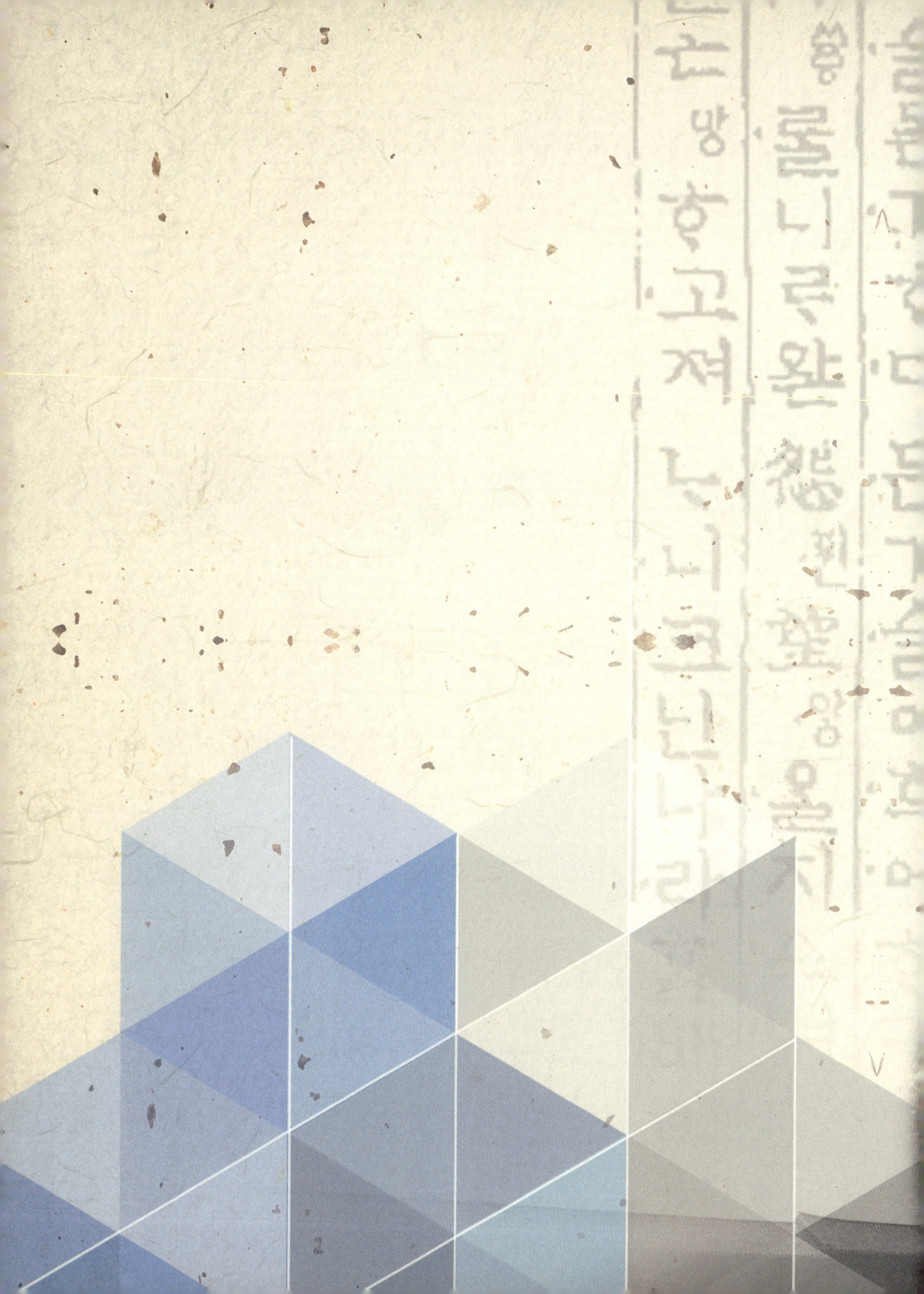

송자로 불린 대학자 송시열

송시열은 송자(宋子)로 불리며 존경을 받는 학자입니다. 유학을 집대성하고 많은 제자를 길러내어 공자나 맹자처럼 이름 대신 자(子) 자를 붙였습니다. 효종 임금 시절 좌의정에 오르는 등 높은 벼슬도 하였으며, 벼슬에서 물러나 있을 때에도 나라의 중요한 일에 영향력을 발휘하였습니다. 송시열이 어떤 인물이었는지 알아볼까요?

송자로 불린 대학자 송시열

일을 하다 깜박 잠이 든 송갑조는 이상한 꿈을 꾸었습니다. 공자가 제자들을 데리고 오더니 제자 중 한 사람을 가리키며 "내가 이 사람을 자네 아들로 보낼 터이니 잘 가르치고 기르라."라고 한 것입니다. 그렇지 않아도 아내는 아이를 낳을 때가 다 되었는데, 송갑조는 길몽이라고 여기고 집으로 재빨리 돌아갔습니다.

"때마침 왔구먼. 축하하네! 아들이야."

장인의 말을 들은 송갑조는 깜짝 놀랐습니다. 송갑조는 아들 이름을 성인이 보내 주었다는 뜻으로 '성뢰'라고 지었습니다. 성뢰는 바로 조선 후기 대학자 송시열(1607~1689)의 어릴 적 이

송시열 초상화(국보 제239호, 국립중앙박물관 소장)

름입니다.

송시열이 태어난 곳은 충청북도 옥천군 이원면 용방리 구룡마을의 외갓집입니다. 생가가 있던 자리로 추정되는 곳에 '우암 송선생 유허비'가 세워져 있는데, 안내문에는 '송시열 선생이 태어난 곳을 알리기 위하여 정조 2년(1778)에 세웠다.'라고 기록되어 있습니다.

송시열은 8세가 되자 충청도 회덕(현재 대전 송촌동)의 친척 집에서 한 살 위인 송준길과 함께 지내며 공부하였습니다. 송시열은 아버지가 건네준 《격몽요결》을 열심히 공부하였는데, 이 책은 율곡 이이 선생이 학문을 처음 하는 사람을 위하여 지은 것입니다. 송시열은 또 주자와 조광조의 글도 익혔습니다. 이렇게 어려서부터 공부하는 습관을 들인 까닭에 송시열은 모르는 것이 있으면 항상 알고자 하였고, 새로운 것을 배우면 기뻐하였다고 합니다.

송시열은 19세 때 결혼한 후 충청남도 논산의 김장생을 찾아가 성리학과 예학(예절을 연구하는 학문)을 배웠습니다.

공자와 맹자의 학문은 이제 동방으로 왔노라

송시열은 27세에 생원시를 보았는데, 답안지를 채점한 대제학 최명길은 송시열의 박식함에 놀라워하며 주위 사람들에게 이렇게 말하며 칭찬하였습니다.

"우리나라에 큰 학자가 나왔다. 공자와 맹자의 학문은 이제 동방으로 왔노라!"

이 일은 금세 나라 안에 퍼졌고, 송시열은 최명길의 추천으로 경릉 참봉이라는 벼슬을 받았습니다. 경릉 참봉은 경기도 고양에 있는 덕종(성종 임금의 아버지)의 능을 지키는 관리입니다. 하지만 송시열은 학문을 더 하기 위하여 벼슬을 그만두었습니다. 그리고 2년이 지난 1635년 송시열은 봉림대군을 가르치는 선생이 되었는데, 봉림대군은 훗날 효종 임금이 된 왕자입니다.

그러나 이듬해 병자호란이 발생하여 인조 임금은 청나라에 굴욕적인 항복을 하였으며, 봉림대군은 형 소현세자와 함께 청나라로 인질이 되어 끌려가고 말았습니다. 이에 충격을 받은 송시열은 벼슬을 버리고 고향으로 돌아갔습니다. 나라에서는 송시열에게 여러 번 벼슬을 내렸으나 학문 연구와 독서에 열중하며 거절하였습니다.

그로부터 10여 년이 흐른 1649년, 봉림대군이 왕위에 오르니 바로 효종 임금입니다. 효종 임금은 왕에 즉위하자 송시열을 사헌부 장령으로 임명하였습니다. 사헌부 장령은 관리들을 감찰하는 일을 맡은 관리입니다. 송시열은 조정에 나가 '기축봉사'라는 상소문을 올렸습니다. 상소문을 읽어 내려가던 효종 임금은 깜짝 놀랐습니다.

'명나라를 멸망시킨 오랑캐에 복수하여 치욕을 씻어야 합니다.'

상소문 내용 중에 청나라에 복수를 해야 한다는 내용이 있었기 때문입니다. 효종 임금 역시 병자호란 때 청나라에 당한 치욕을 언젠가는 갚아 주려고 생각하고 있었습니다.

'스승은 내 마음을 꿰뚫어 보시는구나.'

효종 임금은 이후 송시열과 가까이 지내며 북쪽의 오랑캐를 어떻게 정벌할 것인지 함께 고민했는데, 이것을 '북벌 계획'이라고 합니다. 이를 지켜보던 사람 중 김자점이 있었습니다. 그는 인조 임금 때 영의정을 지내는 등 권력의 중심에 있었지만 효종 임금이 즉위한 후에는 뒷전으로 밀려나 있었는데, 송시열의 북벌 계획을 청나라에 밀고하면 권력을 다시 잡을 수 있을 것으로 생각하고 역관인 정명수와 이형장을 불렀습니다.

"자네들이 청국에 가서 송시열의 계획을 알리게."

그리하여 송시열의 북벌 계획이 청나라에 알려졌고, 송시열은 꼼짝없이 사직을 해야 했습니다. 고향으로 돌아온 송시열은 어릴 적부터 사귄 송준길과 함께 책을 쓰고 제자 양성에 전념했습니다.

예송 문제로 당파 싸움 주도하다

효종 임금은 송시열을 바로 부를 수 없게 된 것이 안타까웠습니다. 그렇게 10년을 보낸 뒤에야 송시열에게 자신의 뜻을 전했습니다.

"경은 사양 말고 꼭 나를 도와주시오."

송시열은 이조 판서의 벼슬을 받고 다시 조정에 나갔으나, 이듬해 효종 임금이 갑자기 승하하고 말았습니다. 그래서 송시열이 꿈꾸던 북벌 계획을 더 이상 추진할 수 없게 되자, 송시열은 백성을 위한 올바른 정치를 하기로 마음을 먹었습니다.

당시 조정은 당파 싸움이 매우 치열할 때입니다. 효종 임금이 승하한 뒤 대신들은 효종 임금의 계모인 조 대비가 상복을 몇 년 동안 입어야 하느냐를 놓고 따지기 시작하였습니다. 영의정 정태화는《경국대전》의 규정에 따라 1년 동안 상복을 입어야 한다고 선언하였는데, 장령 허목과 중추부 첨지사 윤선도가 이의를 제기하였습니다. 효종 임금이 비록 둘째 아들이지만 왕위를 이었으므로 맏아들로 여겨 3년으로 해야 한다고 주장한 것입니다. 이때 송시열이 맞받아쳤습니다.

"대비는 계모이므로 상복을 1년 입어야 합니다."

허목과 윤선도는 남인이었고, 송시열은 서인이었습니다.

조정에서 치열한 논쟁을 펼친 끝에 결국 1년으로 정해졌습니다. 이러한 결정에 대해 허목은 당장 반발하였습니다.

"그렇다면 효종 임금은 후궁의 자손이란 말인가!"

허목의 주장도 일리가 있었습니다. 송시열이 말한 대로라면 효종 임금은 서자로 왕위에 올랐다는 것인데, 효종 임금은 인조 임금의 첫째 왕비인 인열왕후가 낳은 적자입니다. 그러나 서인의 주장이 받아들여지면서 윤선도는 유배를 당하였고, 허목은 삼척부사로 명하여져 지방으로 쫓겨갔습니다.

이렇게 서인과 남인이 조 대비의 상복 문제를 놓고 조정에서 논쟁을 벌인 것을 예송 논쟁이라고 하는데, 이 논쟁에서 이긴 송시열은 서인을 대표하는 인물이 되어 우의정에 올랐습니다. 이후 좌의정까지 올랐지만 65세 때 벼슬을 버리고 고향으로 돌아왔습니다.

그리고 다시 10여 년이 지난 뒤 효종 임금의 비인 인선왕후가 승하하자 조정에서 또다시 예송 논쟁이 벌어졌습니다. 이번에도 조 대비(이때는 대왕대비)가 상복을 언제까지 입어야 하느냐를 따지게 되었는데, 《경국대전》에는 큰아들의 처가 죽으면 1년, 둘째 아들 아래의 처일 경우 9개월을 입도록 규정되어 있어, 당시 조정을 집권하고 있던 서인 측에서는 아무 생각 없이 1년을 입어야 한다고 현종 임금에게 보고하였습니다. 그러나 효종 임금이 승하하였을 때를 돌이켜보니 9개월이 맞는지라 9개월로 수정하였습니다. 이에 남인들은 1년을 입어야 한다고 맞섰습니다.

조정에서 다시 당파 싸움이 치열해졌습니다. 그렇지만 서인들이 조정을

> **🔍 조 대비**
>
> 두 차례 예송 문제의 중심 인물인 조 대비는 인조 임금의 계비 장렬왕후이다. 양주 조씨로 인조 임금이 승하하자 조 대비로 호칭되었고, 효종 임금이 승하한 후부터 대왕대비가 되었다.

장악하고 있으므로 9개월로 의견이 모였습니다. 이를 들은 현종 임금은 화가 났습니다.

"선왕의 은혜를 입은 자들이 지난번과 이번에 주장하는 바가 어찌 이리 다른가?"

현종 임금은 예절을 담당하는 예조 관리들을 물러나게 하고 남인의 주장을 채택하였습니다. 여기에는 현종 임금의 다른 속셈이 있었습니다. 바로 서인의 세력이 너무 커진 것을 견제하고자 한 것입니다. 마침 장인인 영돈령 부사 김우명도 남인의 주장에 찬성하자 과감하게 결단을 내리고 서인들을 조정에서 내쫓았습니다. 이때 송시열은 덕원과 장기, 거제도 등지로 유배를 다녀야 했습니다.

사후에 국가의 스승 송자가 되다

두 차례의 예송 사건을 겪은 후에도 서인과 남인은 조정에서 치열하게 당파 싸움을 벌였습니다. 송시열은 다른 사람과 타협할 줄 모르는 꼿꼿한 성격이라서 적도 많고 같은 서인들과 다투는 일도 있었습니다. 이즈음 송시열은 충청도 괴산의 화양동 계곡에 암서재를 짓고 학문 연구와 제자 양성에 힘을 썼습니다. 암서재 현판 옆에는 당시 송시열이 지은 시가 걸려 있습니다.

> 냇가에 벼랑이 열렸으니
> 그 사이에 작은 집을 지었노라.
> 조용히 앉아 경서의 가르침을 찾으니
> 시간을 아껴 가르침을 따르려 하네.

충청북도 괴산의 화양동 계곡 안에 있는 암서재는 송시열이 말년에 학문을 연구하고 제자를 양성하던 곳이다.

 세월은 흘러 현종 임금에 이어 숙종이 임금에 올랐습니다. 숙종 임금은 첫 왕비인 인현왕후와의 사이에 자녀가 없자 후궁을 들였는데, 1688년에 소의 장씨가 아들을 낳았습니다. 그로부터 몇 달이 지난 후 숙종 임금은 소의 장씨가 낳은 아들 윤을 원자(중전이 낳은 첫째 아들에게 붙이는 호칭)로 삼기로 마음을 먹고 대신들이 모인 자리에서 말을 꺼냈습니다.
 "이제 짐도 원자를 세워야 할 것 같소."
 이때 영의정 김수흥을 비롯한 대신들이 반대하고 나섰습니다.
 "중전마마의 나이가 아직 한창이신데, 후궁 소생을 원자로 정하는 것은 부당하옵니다."
 이에 숙종 임금은 화를 내며 단호하게 말하였습니다.
 "나라의 형세가 외롭고 위태로우니 더 이상 늦출 수는 없소이다."
 숙종 임금은 그 후 5일 만에 원자를 세우고 소의 장씨를 희빈으로 높였습니다. 송시열은 즉각 상소문을 올렸습니다.

"옛날 송나라 신종 황제는 28세에 아들을 얻었으나 후궁 소생이어서 번왕으로 책봉하였습니다. 이후 더 이상 아들을 얻지 못하여 번왕을 태자로 책봉하여 자신의 뒤를 잇게 하니 철종 황제이옵니다."

원자를 세우는 데에는 절차가 따로 있다고 주장한 것입니다.

숙종 임금은 송시열의 상소에 화가 나 송시열을 제주도로 유배 보내고, 송시열을 따르던 서인들도 모두 벼슬에서 물러나게 하였는데, 이를 '기사환국'이라고 합니다. 제주도로 유배를 간 송시열의 나이는 이미 83세에 이르렀습니다. 남인들은 송시열에게 사약을 내리라고 떠들어 댔습니다. 숙종 임금은 마지못해 송시열을 한양으로 압송하라는 어명을 내렸고, 한양으로 끌려오던 송시열은 전라도 정읍에 이르러 '죄인들의 수괴'라는 죄목으로 사약을 받았습니다.

암서재 근처에 있는 충효절의 바위에는 송시열의 글씨가 새겨져 있다.

암서재에서 바라본 화양동 계곡은 아홉 골짜기에 기암괴석이 널려 있어 화양구곡으로 불린다.

송시열이 제자 권상하에게 짓게 한 명나라 황제 사당 만동묘(충청북도 괴산군 청천면 화양리)

　송시열은 죽기 전에 제자 권상하에게 이렇게 말하였습니다.
　"명나라 황제인 신종과 의종의 사당을 세우고 제사를 지내라."
　죽는 순간까지도 명나라를 생각하고 청나라를 오랑캐로 여긴 것입니다. 현재 충청북도 괴산의 화양동 계곡 암서재 앞에 있는 만동묘는 송시열의 유언으로 권상하가 지은 것인데, 명나라 황제인 신종과 의종의 사당을 세우고 제사를 지내라고 부탁하여 지어진 것입니다.
　"초산야월 절죽행장이라더니 그르지 않구나."
　송시열은 젊은 시절 한 점쟁이로부터 들은 말을 떠올리며 사약을 마셨습니다. 초산은 정읍의 옛 지명이고 야월은 달밤이라는 말이니 '초산야월'은 '정읍에서 야밤에'라는 뜻이며, '절죽행장'은 '대나무에 말아 장사를 지낸다.'는 뜻입니다. 송시열이 숨을 거두자 사람들은 그의 시신을 대나무 발에 둘둘 말아서 땅에 묻으니 점쟁이 말대로 되고 말았습니다.

송시열의 묘는 처음에 경기도 수원의 무봉산에 있었으나 사후 8년이 지난 1697년 괴산으로 이장되었다.

이로써 송시열은 파란만장한 생애를 마쳤는데, 5년 후인 1694년 갑술옥사가 일어났습니다. 갑술옥사란 왕비에서 쫓겨났던 인현왕후 민씨를 복위시키려는 서인과 반대하는 남인의 싸움으로 생긴 사건입니다. 숙종 임금은 장희빈이 너무 방자해지자 인현왕후를 쫓아낸 것을 후회하고 있었습니다. 숙종 임금은 무수리 출신의 후궁 최씨(영조 임금의 생모)를 마음에 두고 있었는데, 최씨가 갑작스럽게 죽는 바람에 상심도 큰 상태였습니다.

"폐비의 복위 운동은 옳은 일이다. 이를 막은 민암에게는 사약을 내리고, 장씨는 희빈으로 강등(등급이나 계급 등이 낮아짐)하라."

숙종 임금의 결단으로 남인들은 몰락하였으며, 대신 서인이 조정을 장악하였습니다. 송시열도 사후 관작을 받았으며 문정이라는 시호가 내려졌습니다. 또한 수원의 무봉산에 묻혀 있던 시신은 이때 충청도 괴산으로 이장되었습니다.

송시열은 죽은 후에도 많은 영향을 끼쳤습니다. 조정의 대신들은 그의 행

효종의 북벌 계획을 지지했던 송시열의 영정을 봉안한 대로사
(경기도 여주시 청심로)

정조대왕의 어필이 새겨져 있는 송시열 신도비

적에 대해 칭찬하기도 하고 비판하기도 했는데, 《조선왕조실록》에 그의 이름이 3,000번 이상 나오는 것은 그만큼 그에 대한 논란이 많았다는 것을 잘 보여줍니다. 그러나 영조 임금이 송시열을 문묘에 배향하여 논란을 끝냈습니다.

영조 임금의 뒤를 이은 정조대왕도 송시열을 국가의 스승으로 삼고 송자(宋子)로 부르게 하였으며, 송시열의 글을 모아 《송자대전》을 편찬하였습니다. 또한 송시열의 묘에 신도비를 세우게 하였는데, 나라에 어려움이 있을 때면 땀을 흘린다고 합니다.

정조대왕은 또 경기도 여주에 있는 영릉(효종 임금의 능)에 참배하였다가, 송시열이 영릉을 자주 찾아와 통곡을 하며 후진들에게 북벌의 큰 뜻을 주장하였다는 말을 듣고 사당을 짓게 하였습니다. 그리고 '대로사'라고 직접 쓴 편액을 하사하였는데, 대로(大老)는 송시열을 대현군자(대단히 현명한 군자)로 높여 부르는 이름입니다. 현재 사당 안에는 송시열의 영정이 있습니다.

가난한 백성들의 영웅 암행어사 박문수

박문수 하면 암행어사로 유명합니다. 조선 시대에 암행어사로 활동한 사람이 600여 명이나 되었고, 박문수가 암행어사로 활동한 것은 몇 년 안 되는데도 암행어사 하면 가장 먼저 박문수를 떠올립니다. 그만큼 암행어사 역할을 잘했다는 것인데, 과연 박문수는 어떤 일을 했을까요?

가난한 백성들의 영웅 암행어사 박문수

"이번만은 꼭 합격해야지!"

증광시(나라에 경사가 있을 때 치르는 임시 과거 시험)를 치른다는 소식을 접한 박문수(1691~1756)는 각오를 단단히 다졌습니다. 어릴 때 고아가 되어 친척 집을 전전하며 살아온 지 20여 년, 그동안 과거 시험에서 두 번이나 떨어졌고, 나이는 32세나 되었습니다.

한양으로 올라가다 어느 집에서 하룻밤을 묵게 되었습니다. 그런

박문수의 초상화(보물 제1189-2호)

데 밤이 되자 갑자기 곡소리가 났습니다. 알고 보니 결혼한 지 얼마 안 된 그 집 아들이 죽은 것이었습니다. 대충 사태를 마무리하고 다시 잠을 청하였는데, 꿈에 초립을 쓴 젊은이가 나타나더니 무릎을 꿇고 말하였습니다.

"선비님, 저는 억울하게 죽었습니다. 훗날 높은 사람이 되어 제 원수를

갚아 주십시오. 그것을 약속한다면 제가 과거에 급제하도록 도와드리겠습니다."

박문수는 죽은 사람이라는 말에 놀랐지만 과거에 급제하도록 도와준다는 말에 귀가 솔깃해져 물었습니다.

"그렇게 하겠소. 어떻게 하면 됩니까?"

박문수가 약속을 하자 그는 말했습니다.

"이번 시험의 시제는 '낙조(落照: 저녁에 해질 녘의 붉은빛)'가 나올 것입니다. 제가 일러 드리는 대로 써내면 틀림없이 급제할 것입니다."

"정말이오? 빨리 들려주시오."

박문수는 밖을 내다보며 말했습니다. 아직은 어두웠지만 금세라도 날이 밝을 것 같았습니다. 날이 밝으면 꿈에서 깨어날 테고 그렇게 되면 시제를 얻지 못할 수도 있었기 때문입니다. 꿈에서 젊은이는 시를 읊기 시작하였습니다.

낙조는 푸른 산을 붉게 물들이고
해는 흰 구름 사이를 자로 잰 듯 넘어가는구나.
초원에는 소의 긴 그림자가 띠를 둘렀고
망부산에는 아낙네의 머리 쪽이 낮아졌네.
강 건너는 나그네의 말채찍이 급해지고
절로 돌아가는 중의 지팡이는 바쁘기만 하다.

그가 읊어 대자 박문수는 놀라움을 금치 못하였습니다. 어디에서도 듣도 보도 못 한 명시였기 때문입니다. 그런데 6구까지 읊었을 때 갑자기 밖에서 '꼬끼오' 하고 닭 우는 소리가 들렸습니다.

"선비님, 이제 저는 가야 합니다. 과거에 급제하거든 꼭 제 소원을 들어 주십시오."

그가 가려고 하자 박문수는 다급하게 말하였습니다.

"여보시오, 나머지 2구도 들려줘야 할 것 아니오?"

한시는 8구로 이루어지는데 6구만 들었기 때문입니다. 하지만 이미 젊은이는 사라지고 없었습니다. 잠에서 깬 박문수는 서둘러 한양으로 올라갔습니다.

과거 시험장에는 많은 사람들이 모여 있었습니다. 그 많은 사람들을 제치고 급제를 해야 하니 박문수는 마음이 무거워졌습니다. 드디어 과거 시험이 시작되었는데, 시제가 발표되는 순간 박문수는 깜짝 놀라고 말았습니다. 꿈에서 본 젊은이가 말한 대로 '낙조'라고 씌어 있었기 때문입니다.

박문수는 재빨리 6구를 완성하였지만 나머지를 어떻게 지어야 할지 도무지 생각이 떠오르지 않았습니다. 이리저리 궁리한 끝에 겨우 완성한 것은 다음과 같습니다.

깊은 마을 늙은 나뭇가지엔 석양이 비꼈는데
더벅머리 초동은 피리를 불며 돌아오는구나.

과거 시험이 끝난 후 답안지를 채점하던 관리들은 박문수의 답안을 보고 깜짝 놀랐습니다. 너무도 훌륭한 답이었기 때문입니다. 채점관들 사이에서는 의견이 분분하였습니다.

"이것은 사람 솜씨가 아니오. 분명 귀신이 지은 시입니다."

"무슨 말이오? 이 시는 두보나 이백을 능가합니다. 당연히 장원에 붙여야 하오."

두보나 이백은 당나라 때 시인으로 중국 역사상 최고의 시인들로 평가

박문수 설화가 전해지는 칠장사 나한전(경기도 안성시 죽산면 칠장리)

되는 사람들입니다. 그때 누군가 나서며 말하였습니다.

"1구에서 6구까지는 귀신이 지은 듯하나 7구와 8구는 사람이 지은 게 분명합니다. 장원은 안 되겠지만 병과로는 합격시킬 만하지요."

박문수는 그렇게 귀신의 도움을 받아 병과에 급제하였습니다.

이 이야기는 여러 가지로 변형되어 전해지는데, 특히 경기도 안성 칠장사의 '몽중등과시' 이야기는 유명합니다. 이 이야기 때문에 해마다 수능 철이 되면 많은 학부모들이 칠장사를 찾아와 기도를 드립니다. 그리고 안성시에서는 매년 칠장사 어사 박문수 전국 백일장이 열리고 있습니다.

> 🔍 **칠장사**
>
> 경기도 안성시 죽산면 칠장리에 있는 천년 고찰이다. 고려 초 혜소국사가 수도할 때 7명의 악인을 교화시켜 모두 현명한 이들로 만들었다고 해서 산 이름은 칠현산, 절 이름은 칠장사로 하였다. 박문수 설화 이외에 임꺽정 이야기도 전해진다.

암행어사 이야기

관리가 된 박문수는 예문관 검열 등을 거쳐 시강원 설서가 되었는데, 이 때 후에 영조 임금이 된 왕세제를 가르친 인연으로 영조 임금으로부터 두터운 신임을 받았습니다. 박문수가 어사가 된 것은 37세 때입니다. 그는 안집 어사가 되었는데, 이는 부패한 관리를 적발하는 암행어사와는 달리 고향을 떠난 농민들을 다시 고향으로 돌아가게 하는 것이 주 임무입니다. 그런데도 암행어사 박문수로 불리는 이유는 박문수가 어사 역할을 뛰어나게 해냈기 때문입니다.

암행어사는 정3품 이하의 관리 중 청렴하면서도 강직한 사람을 정승들이 추천하여 임금이 뽑습니다. 전국 360개 군현을 적은 대나무 가지를 죽통에 넣은 후 하나를 뽑아 그곳으로 파견하므로 암행어사가 어디로 파견될지는 아무도 알 수가 없습니다. 이렇게 파견지를 뽑는 것을 추생이라고 해서 암행어사를 흔히 추생어사라고도 합니다.

파견지가 결정되면 이를 종이에 적어 봉투에 넣은 후 암행어사에게 건네는데, 이 봉투의 겉면에는 '남대문(또는 동대문) 밖에 이르면 뜯어보라.'라는 식의 글이 적혀 있습니다. 이 봉투가 곧 임명장이어서 이를 받은 어사는 승정원으로 가서 마패와 《팔도어사재거사목》이라는 책, 그리고 2개의 유척을 받습니다.

마패는 말이 그려져 있는 둥근 패를 말하는데, 이는 왕명을 받들어 공무를 수행하고 있다는 증표입니다. 마패에는 1~5마리의 말이 그려져 있는데, 드물게는 10마리가 그려진 것도 있었습니다. 이는 암행어사가 역참에서 동원할 수 있는 말의 수를 뜻하는데, 암행어사가 얼마나 넓은 지역을 다녀오느냐를 뜻하기도 합니다.

유척은 놋쇠로 만든 자를 말합니다. 암행어사가 지닌 2개의 유척 중 하나

조선 시대 암행어사의 신분을 확인시켜 주던 증표인 마패

는 죄인을 매질하는 태나 장 등 형구의 크기를 재던 것이며, 다른 하나는 도량형을 통일하여 세금을 바르게 징수하는 기준을 세우는 데 사용했습니다. 한편, 《팔도어사재거사목》은 암행어사가 수행하는 일을 적어 놓은 책으로 전국 팔도별로 상세히 적혀 있습니다.

 암행어사가 승정원에서 지참물을 챙기면 궁궐 밖으로 나와 봉투를 열고 자신이 갈 곳을 확인한 후 출발하였습니다. 현지에 도착하여 탐문 수사를 벌인 후 관리들의 죄가 확인되면 수행하는 사람들에게 '어사출또'를 명령합니다. 수행원들은 관가 문 앞에서 "암행어사 출또야!"라고 큰 소리로 외치며 들어서고, 암행어사는 그 뒤에 유유히 행차해 영접을 받습니다. 이후 관가에 보관 중인 공문서나 창고를 검사해서 장부에 적혀 있는 것이 맞는지를 확인하는데, 만일 비리가 밝혀지면 '창고를 봉한다'는 글을 쓴 종이에 마패를 날인하여 창고 문에 붙입니다. 또한 억울한 사람이 있으면 살펴서 풀어 주며, 죄를 지은 지방 관리는 직위를 해제하고 감금합니다.

 임무를 마친 암행어사는 궁궐로 귀환하며 복명서를 제출하는데, 복명서는 임무를 어떻게 수행하였는지를 자세히 적은 글입니다. 이는 암행어사가 직접 작성하므로 암행어사의 지식이나 의견은 물론 인물 됨됨이까지 담겨 있어 후에 그 사람을 평가하는 자료가 되기도 합니다. 만일 암행어사가 복명서를 제출하지 않거나 다른 사람이 대신 작성하여 제출한 것이 발각되면 처벌을 받았습니다.

한편, 암행어사는 권한이 큰 만큼 지켜야 할 덕목이 있었습니다. 첫째, 마을을 돌며 백성의 억울함을 들을 것, 둘째, 각 고을 지방 관리에게 대접을 받지 말고 말린 밥을 갖고 다니며 먹을 것, 셋째, 폐를 끼치지 말 것 등입니다.

실록에도 나오는 어사 박문수 이야기

그렇다면 박문수는 어떤 활약을 하였을까요? 박문수는 안집어사로 임명되어 영남 지방에 파견되었는데, 6개월 동안 안동과 예천, 상주 등 영남 지역을 돌며 지역 인사들을 두루두루 만났습니다. 박문수는 지방 관리의 비리를 파헤치는 것은 물론 뛰어난 인재는 조정에 천거하여 관리로 임명되도록 하였으며, 백성들의 고통을 살피는 데 주력, 관가의 창고를 열어 가난한 백성들에게 곡식을 빌려주도록 하였습니다.

박문수가 어사로 활약한 기간은 1년밖에 안 됩니다. 그럼에도 박문수 하면 암행어사로 떠올리는 것은 그가 가난한 사람들을 먼저 살폈기 때문입니다. 이 때문에 전국 곳곳에서 박문수 이야기가 만들어졌는데, 지금까지 전해지는 것만도 200가지가 넘습니다. 그리고 실제로 《조선왕조실록》에 나오는 설화만도 97가지나 됩니다. 그중에는 흥미진진한 것이 많습니다.

박문수가 어명을 받들어 호남으로 암행을 나가다 노량진 포구에서 점쟁이를 보았습니다. 사람들이 몰려들어 그에게 점을 보는데 복채가 닷 냥씩이나 되어 혹시 사기꾼이 아닌가 궁금하였습니다. 그때 한 여인이 점을 보려고 점쟁이에게 닷 냥을 건네고 앞에 앉았습니다.

"남편이 집을 나간 지 10년이 다 되었는데 죽었는지 살았는지 알 수가 없어요."

여인의 말에 점쟁이는 여러 개의 글씨가 쓰어 있는 것을 가리키며 여인에게 말하였습니다.

"이 중 하나를 찍으십시오."

여인이 '한 일(一)' 자를 찍자 점쟁이가 말하였습니다.

"누워 있는 것을 찍었으니 죽은 것입니다."

여인은 괜히 닷 냥이 아깝기만 할 뿐 믿기지 않아 다시 한 번 점을 보자며 복채를 또 건넸습니다. 여인은 이번에는 '약(藥)' 자를 가리켰습니다.

"풀(草) 가운데 흰(白) 것을 실(絲)로 묶었으며, 나무(木) 위에 올려놓았으니, 이는 남편이 죽은 지 오래 되어 무덤에 풀이 무성한 것입니다."

점쟁이의 말을 듣고 보니 희한하게도 이치가 맞는지라 구경만 하던 박문수가 끼어들었습니다.

"나도 점을 한번 보겠소."

박문수는 '점 복(卜)' 자를 손가락으로 가리켰습니다. 이에 점쟁이는 깜짝 놀라 두 손으로 빌며 말하였습니다.

"어사님, 용서해 주십시오."

자신은 개인적인 욕심으로 점을 치는 것이 아니라 여러 식구들을 공양하기 위한 것이라며 선처를 바라는 것입니다.

"도대체 내가 어사인 것을 어떻게 알았소?"

박문수는 궁금하여 물었습니다.

"사람이 서 있는데, 옆에 마패를 차고 있으니 어사이시지요."

복 자의 모양과 일치하니 기가 막힐 노릇이었습니다. 일단 자리를 피한 박문수는 거지를 불러 좋은 옷을 입게 한 후 점쟁이를 찾아가 복 자를 가리키게 하였습니다. 거지가 그의 말대로 복 자를 찍자, 점쟁이는 바로 되물었습니다.

"당신 거지지?"

사람이 섰는데, 바가지를 달고 있으니 거지라는 것이었습니다.

백성들의 삶을 우선시한 정치가

박문수는 암행어사 이외에도 많은 일을 하였습니다. 이인좌의 난(1728년 이인좌와 김영해, 정희량 등이 밀풍군 이탄을 새 왕으로 추대하려고 일으킨 반란)을 평정하는 데 큰 공을 세워 공신이 되었고, 이후 승승장구하여 도승지에 올랐습니다. 청나라에 사신으로 다녀오기도 하였으며 병조와 형조, 호조의 판서, 어영대장, 우참판 등을 두루두루 역임하였습니다.

경상도 어영대장으로 있을 때, 하루는 바닷가에 나가 보니 부서진 집과 살림살이들이 바다에 둥둥 떠다니는 것이 보였습니다. 박문수는 함경도 지방에 큰 홍수가 난 것으로 파악하고 관가에 들어가 곡식을 함경도로 보내자고 하였습니다. 이에 고을을 지키는 관리는 조정의 허락 없이 관가의 곡식을 함부로 옮기면 그 책임을 면하기 어렵다며 거부하는 것이었습니다.

"장수가 전쟁에 임하면 왕명이라도 따르지 않을 수 있는 것, 내가 책임을 질 테니 식량을 내어 주시오."

박문수는 과감하게 그렇게 말하고는 식량을 배에 실어 함경도로 향하였습니다.

한편, 함경도는 박문수의 예상대로 큰 홍수가 나 집과 가족을 잃은 사람들이 속출하여 인심이 매우 흉흉하였습니다. 함흥 감사는 파발을 띄워 조정에 구제를 요청하였으나 교통이 워낙 나쁜 지역이라 언제 구제를 받을지는 알 수 없었습니다. 이때 박문수가 식량을 가져오니 함경 감사는 물론 백성들이 환영하였습니다. 이때 함경도 주민들은 함흥 만세교 옆에 박문수 송덕비를 세웠는데, 현재도 남아 있는지는 알 수 없습니다.

박문수는 또한 영조 임금을 도우며 여러 가지 개혁을 시행하였습니다. 곡식 판매를 통하여 세금을 탕감하고, 문무백관의 월급을 줄여야 하며, 노처녀와 노총각의 혼인 문제를 해결해야 한다고 주장하였습니다. 특히 영조 임금이 내놓은 균역법을 적극 시행하려고 노력하였습니다.

'균역'은 역을 고르게 한다는 의미로, 균역법은 군포 2필을 1필로 낮추어 백성들의 고충을 줄여 주는 정책입니다. 군포란 남자가 군인을 가는 대신에 내는 무명 옷감을 말합니다. 군포 1필은 폭이 37.4cm, 길이는 무려 16m에 달하는데, 서민들이 군포 2필을 마련하는 것은 엄청난 부담이었습니다. 또 죽은 사람과 15세 이하의 어린아이에게도 군포를 징수하게 하는 등 폐단이 많았습니다. 그러나 양반들은 군포가 면제되어 있으니 박문수는 양반들에게도 평등하게 균역법을 적용해야 한다고 주장하였습니다. 이를 호포제라 합니다.

비록 대신들의 반대로 시행되지는 못하였으나 자신들의 이익만을 차지하려는 이들과는 달리 박문수는 백성의 편에서 일하던 참다운 관리였음을 알 수 있습니다. 또한 자신의 재산을 털어 곤란에 빠진 백성들을 구한 일도 많았습니다.

병천 시장을 세우고 은석산에 묻히다

박문수는 말년에도 국가 재정을 절감하기 위하여 노력하였고, 백성들을 위한 정책을 구상하다 1756년 66세의 나이로 숨을 거두었습니다. 그가 죽자 사람들은 "나라의 급한 일이 있으면 장차 누구를 믿겠는가?"라며 슬퍼하였습니다. 특히 영남 사람들은 일손을 멈추고 애도하였으며, 함경도 사람들은 함흥 만세교에 모여 통곡하였다고 합니다.

그러나 누구보다도 슬퍼한 것은 영조 임금으로, 박문수의 죽음을 더욱 안타까워하였습니다.

"30여 년 함께하였는데, 정승 한 번 시키지 못하였다."

박문수 묘 근처에 신라 때의 사찰 은석사(충청남도 천안시 동남구 북면 은지리)

박문수 묘에 있는 무인석상. 문인의 묘에 무인석을 세운 것은 드문 일로 해학적인 얼굴이 독특하다.

박문수 묘비

　영조 대왕은 박문수를 영의정에 추증하였고 충헌이라는 시호를 내려 주었습니다. '추증'이란 공이 많은 신하가 죽으면 나라에서 그의 벼슬을 높여 주는 것을 말하고, '시호'란 죽은 이의 공덕을 찬양하며 임금님이 내려주는

충청남도 천안에 있는 박문수의 종가에는 박 어사의 교지와 관복 등 유품이 전해 온다.

호를 말합니다.

　박문수의 묘(충청남도 문화재 자료 제262호)는 천안의 은석산 위에 있습니다. 이는 박문수가 생전에 유명한 지관의 말을 듣고 정한 곳입니다. 본래 박문수는 현재 독립기념관이 있는 흑성산 자락에 묘를 쓰려고 하였습니다. 지관이 흑성산 자락을 보더니 박문수에게 말하였습니다.

천안 은석산 위에 있는 박문수의 묘

"흑성산 자락은 금계포란형의 명당이나 그곳에 묘를 쓰면 200~300년 후 나라에서 이 산을 요긴하게 쓸 것이라 묘를 옮겨야 할 처지가 됩니다. 그곳보다 은석산에 좋은 곳이 있습니다."

박문수 종가에 있는 느티나무

그리하여 박문수는 지관을 따라가 보았습니다. 장군대좌형의 명당이긴 하나 장군만 있고 병졸은 없는 지형이었습니다. 박문수는 그곳에 묘를 잡고 산자락 아래에는 시장을 만들어 많은 사람들이 군사처럼 오가게 하였습니다. 박문수가 죽고 이곳에 묻힌 뒤 가문이 번성하였는데, 일제강점기 때 시장이 비좁다며 옮기려 하자 고령 박씨 문중에서 반대 농성을 벌여 자리를 지켰습니다. 이 시장은 바로 병천 순대로 유명한 천안의 병천 시장입니다.

박문수의 종가는 묘 인근에 있습니다. 이인좌의 난을 평정한 공으로 하사받은 땅에 후손들이 종가를 지어 오늘에 이릅니다. 종가 내에는 어사의 교지와 관복 등 유품이 전시되어 있고, 마당에는 박문수 신도비가 서 있습니다.

박문수가 세운 병천 시장 자리

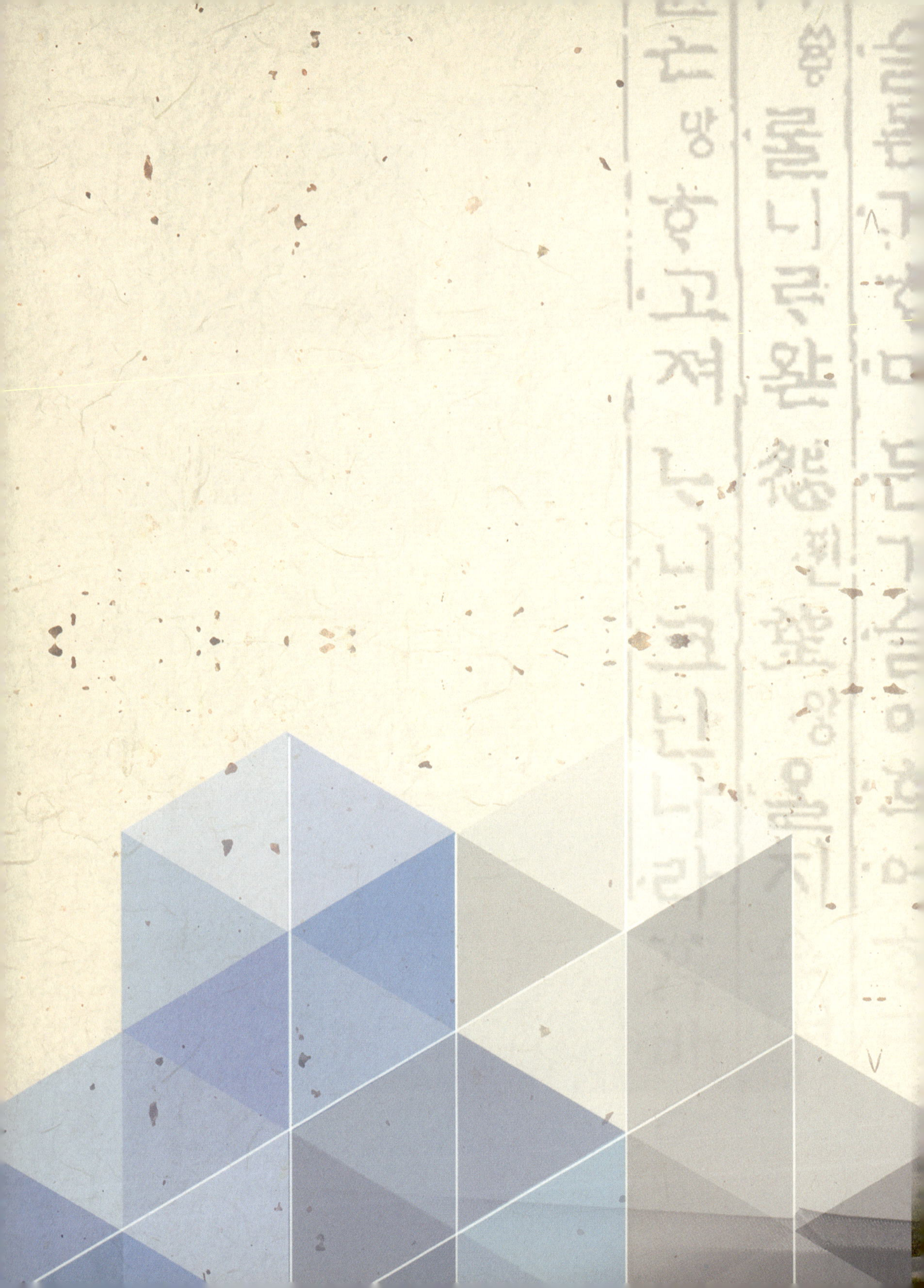

국가 발전의 초석을 이룬 명재상 채제공

조선 후기 영조 임금 때부터 정조대왕 때까지 비범한 처세술과 현명함으로 벼슬을 한 채제공은 많은 실학자를 등용, 국가 발전의 초석을 이룬 인물입니다. 특히 신해통공을 실시하여 상업을 발달하게 하였고, 오늘날 세계문화유산으로 등재된 수원 화성을 건립하여 재상의 모범이 된 채제공은 어떤 인물일까요?

국가 발전의 초석을 이룬 명재상 채제공

숙종 임금 때의 일입니다. 하루는 임금이 행차하는데, 난데없이 한 여인이 어가에 뛰어들었습니다.
"상감마마!"
너무나 갑작스러운 일이라 모두들 눈이 휘둥그레졌고, 호위 군사들은 너나 할 것 없이 병장기를 치켜들고 여인을 에워쌌습니다. 여인은 아랑곳하지 않고 말을 이어갔습니다.
"저는 꼭 시집을 가야겠습니다. 허락해 주십시오."
"감히 어느 안전이라고 소리를 지르느냐!"
호위대장은 버럭 하고 호통을 쳤

채제공의 65세 때 모습. 5량 금관을 쓰고 붉은 조복을 착용하였으며 홀을 쥐고 앉아 있다.

습니다.

어가에 타고 있던 임금은 하도 희한한 일인지라 호위대장을 물러나게 하고 물었습니다.

"시집을 꼭 가야 한다니 무슨 말이냐?"

"저는 연안 이가 만성의 자식이온데, 곧 혼인을 할 예정이었으나 신랑이 사주단자만 보내온 채 죽었사옵니다. 평생 혼자 살아야 하는데, 이는 너무 억울하옵니다. 저는 꼭 시집을 가야겠습니다."

옛날에는 사주단자(결혼을 하기로 한 뒤 신랑 집에서 신부 집으로 신랑의 사주를 적어서 보내는 서류)만 주고받아도 혼인이 이루어진 것으로 여겼으니 그 여인은 평생 청상과부로 살아야 했던 것입니다. 이야기를 듣고 보니 딱한지라 임금은 특별히 허락을 하였습니다. 그리하여 그 여인은 평강 채씨 가문으로 시집을 가서 아들을 낳으니 그가 바로 조선 후기의 명재상 채제공(1720~1799)입니다.

가난했지만 남달랐던 어린 시절

채제공의 아버지 채응일은 현감을 지내는 등 괜찮은 벼슬을 살았지만 워낙 청렴결백하여 집안은 가난하기 짝이 없었습니다. 먹을 양식조차 부족해 채제공의 집에서는 밥 짓는 연기가 이틀에 한 번밖에 나지 않았다고 합니다.

그래서 어린 채제공은 늘 남루한 옷을 입어야 하였고, 함께 공부하던 아이들로부터 가난뱅이라고 놀림을 당하곤 하였습니다. 설날을 앞둔 어느 날, 아이들은 조촐하게 모여 시를 지으며 이야기를 나누었는데, 자신들보다 어리고 가난한 채제공은 누구 하나 거들떠보지 않았습니다. 한창 흥이 오를 때쯤, 채제공이 일어서더니 시를 읊었습니다.

추풍고백에 응생자요(가을바람 불 때 늙은 잣나무에 매가 새끼를 치고)
설월공산에 호양정이라(눈 위에 달 비치는 빈 산에 호랑이가 정기를 기르도다)

　채제공이 시를 읊자 아이들은 웃어대기 시작하였습니다. 뜻을 알 수 없으니 그게 무슨 시냐며 비웃은 것입니다. 한 아이가 그 시를 적어서 집에 가져가 아버지에게 보여 주며 물었습니다.
　"아이들 모두 이 시를 듣고 놀렸는데, 이게 무슨 뜻입니까?"
　아들이 건넨 시를 받아 본 아버지는 화들짝 놀랐습니다.
　"범상치 않은 시다. 매는 가을에 새끼를 낳지 않는데, 시에서 낳는다고 표현한 것은 이 시를 지은 아이가 너희와는 어울리지 않는다는 뜻이고, 뒤에 나오는 호랑이는 자신을 가리키는 것이다. 이 아이는 반드시 귀하게 될 게야."
　아버지는 아들에게 채제공과 잘 어울리라고 귀띔해 주었습니다.
　채제공이 15세가 되어 과거 시험을 치르게 되었는데도 살림살이는 여전하였습니다. 붓과 먹조차 살 수 없을 지경이라서 채제공은 부잣집 친구의 아버지를 찾아갔습니다. 붓과 먹을 빌리러 왔다고 하자, 친구의 아버지는 문갑 속에서 붓과 먹을 꺼내 주었습니다.
　"가져가게."
　그러자 채제공이 다시 말하였습니다.
　"제가 비록 가난하여 도움을 받으러 왔지만 양반인데 이것을 직접 들고 가야 하는 것입니까?"
　채제공의 늠름한 태도에 친구의 아버지는 흠칫 놀라며 미안하다고 말하고는 하인을 불러 붓과 먹을 가져다주라고 하였습니다. 채제공은 시험에 당당히 합격하였고, 훗날 문과 정시에서 병과로 급제하여 23세의 나이에 벼슬에 올랐습니다.

3대를 모신 명재상

채제공은 영조 임금부터 사도세자와 정조대왕에 이르기까지 3대를 모신 재상으로 유명합니다. 이 시기는 세종대왕 시절 못지않게 국가 발전을 이룬 때로 그 중심인물은 바로 채제공입니다.

채제공은 영조 임금 시절에는 그다지 두각을 나타내지는 못하였습니다. 부모상을 연이어 치르느라 6년간 관직을 떠나 있었고, 노론이 조정을 장악하여 남인에 속한 그는 꿈을 펼치기가 어려웠던 것입니다.

특히 사도세자의 죽음은 그에게 큰 충격이었습니다. 한때 채제공은 사도세자를 가르친 적도 있었는데, 사도세자는 새로운 학문에 밝았으며, 장차 젊은 인재를 대거 기용하여 나라를 개혁하려는 의지도 강하였습니다. 그러나 노론들의 견제와 영조 임금의 독단에 의하여 뒤주에 갇혀 죽고 만 것입니다.

세월은 흘러 1776년 영조 임금이 승하하고 정조대왕이 왕위에 오르자 채제공은 형조 판서에 등용되었습니다. 그는 정조대왕의 뜻을 받들어 사도세자를 죽음으로 몰아간 이들을 골라 내어 사약을 받게 하였으며, 여러 명을 유배 보냈습니다.

이 당시 정조대왕의 최측근으로 등장한 사람이 또 있었으니 바로 홍국영입니다. 그는 과거 시험에 급제한 이후부터 줄곧 정조대왕 곁을 지킨 사람으로 정조대왕이 왕위에 오르자 도승지(오늘날의 대통령 비서실장)가 되었으며 정조대왕의 신변을 책임지는 금위대장과 훈련대장까지 맡았습니다.

문제는 홍국영이 권력에 대한 야욕이 지나쳤다는 것입니다. 정조대왕의 인척들을 하나둘 제거해 왕권을 강화한 것까지는 좋았지만 자신의 누이동생을 정조의 후궁으로 들여보냈고, 누이동생이 일찍 죽자 정조대왕의 이복동생인 은언군의 아들 이담을 양자로 삼아 정조대왕의 후계자로 삼으려고 하였습니다. 여기에 그치지 않고 자신의 누이동생이 왕비인 효의왕후에 의

하여 독살당하였다며 죄 없는 사람들을 고문하였습니다.

홍국영이 이렇듯 심하게 나오니 여러 신하들이 홍국영을 엄벌에 처해야 한다고 주장하였고, 정조대왕은 좌의정 서명선을 영의정으로 승진시키며 결국 홍국영의 재산을 몰수하고 조정에서 쫓아냈습니다. 이때 채제공도 홍국영과 친분이 있을 뿐만 아니라 사도세자의 신원 회복을 과격하게 진행한다는 이유로 탄핵을 받았습니다. 그때 관직에서 물러난 채제공은 한양 근교의 명덕산에서 무려 8년 동안이나 은거하였습니다.

국가를 개혁하고자 했던 정조대왕 초상화

정조대왕을 도와 국가 개혁 시작

세월이 흐른 뒤 정조대왕은 당파 싸움을 없애기로 하고 채제공을 우의정으로 임명하였습니다. 탄핵으로 쫓아낸 채제공을 우의정으로 임명하니 노론들은 벌떼처럼 일어나 명을 거두라는 상소를 올렸습니다. 하지만 정조대왕은 상소를 올린 자들을 어명을 거역한다며 파직시켰습니다.

8년 만에 조정으로 복귀한 채제공은 정조대왕에게 '6조 진언'을 지어 올렸습니다. 이는 임금이 나라를 다스리는 데 표준이 될 만한 여섯 가지 사항을 담은 것입니다.

6조 진언

첫째, 황극 즉 편파가 없는 곧고 바른 치국의 도리를 세울 것

둘째, 탐관오리를 징벌할 것

셋째, 당론을 없앨 것

넷째, 의리를 밝힐 것

다섯째, 백성의 어려움을 돌볼 것

여섯째, 권력 기강을 바로 세울 것

채제공은 정조대왕이 무엇을 원하는지를 잘 알고 있었습니다. 당파 싸움을 없애고 국가를 개혁하는 것, 백성들이 잘사는 부강한 나라를 이루는 것이 그것입니다. 채제공은 먼저 실학자들을 대거 등용하였습니다. 이때 조정에 진출한 이들은 정약용과 이가환, 박제가, 유득공, 이덕무 등 뛰어난 실학자들입니다.

채제공은 또 시장을 개혁하고자 시전의 특권을 제한하였습니다. 당시 시장은 육의전과 시전이 장악하고 있었는데, 육의전은 국가에 물건을 납품하는 상인 집단들이었으나 시전은 일반 시장을 독점하여 폐단이 많았습니다. 따라서 국가 경제는 물론 서민들의 생활까지 궁핍해지고 있었습니다. 시전의 독점을 없애니 상업이 크게 발달하기 시작하였는데, 이 조치를 '신해통공'이라고 합니다.

또한 채제공은 천주교도들에 대해서도 무조건 믿지 못하게 하는 것이 아니라 교화를 통하여 올바른 방향을 찾게 하려고 노력하였습니다. 천주교가 우리나라에 들어와 비교적 널리 퍼진 것은 바로 이때입니다. 채제공이 재상으로 있는 동안에는 천주교에 대한 박해가 거의 일어나지 않았습니다.

채제공이 이렇게 강하게 개혁 정치를 해나갈 수 있었던 것은 정조대왕의

후원도 큰 힘이 되었으나 3년 동안 홀로 재상이었던 것도 큰 이유입니다. 영의정인 김일은 조정에 나오기를 거부하였고, 우의정으로 임명된 김종수는 어머니 상을 당하는 바람에 관직에서 물러나 있었으니 어떤 일이든 혼자만의 결단으로 해 나가면 되었던 것입니다. 이 시대를 흔히 '채제공의 독상 시대'라고 부릅니다.

채제공의 시문집 《번암집》

그러나 1791년 예기치 못한 일이 일어났습니다. 천주교도들이 장례식에서 신주를 불사르고 제사를 천주교식으로 지낸 것이 세상에 널리 알려진 것입니다. 전라도 선비 윤지충과 권상연이 바로 그들인데, 윤지충이 자신의 모친상을 천주교식으로 치렀습니다. 정조대왕은 그들을 사형에 처하게 하고, 천주교 교주로 지목받은 권일신은 유배를 보내는 것으로 마무리하였습니다. 이를 '신해박해'라고 합니다.

하지만 조정에서는 천주교를 묵인하는 채제공을 탄핵하니 채제공은 잠시 관직에서 떠나게 되었습니다. 당시 조정은 남인이 장악하고 있었는데, 채제공처럼 천주교를 묵인하는 사람들과 탄압해야 한다는 사람들로 나뉘었습니다. 천주교를 묵인하는 사람들은 신서파라고 하고, 탄압을 주장하는 사람들은 공서파라고 합니다.

관직에서 물러나 있는 동안 채제공은 그간 써 온 시와 글을 모아 책으로 엮었습니다. 이를 본 정조대왕은 서문을 써 주며 '서번암시문고'라는 책명도 내렸습니다. 오늘날에는 《번암집》으로 전해지고 있습니다.

수원 화성을 완성하다

1792년 채제공은 좌의정으로 임명되며 복직하였으며, 이듬해에 영의정에 올랐으나 수원 유수로 내려가 수원 화성 건설을 맡았습니다. 수원 화성은 정조대왕이 개혁을 위하여 새로운 도시를 세우고자 한 것입니다.

화성이 건설된 후 채제공은 사직서를 냈습니다. 78세나 되었으니 은퇴를 결심한 것입니다. 그러나 정조대왕은 궤장과 지팡이를 하사하며 만류하였습니다. 궤장이란 임금이 70세가 넘은 대신에게 하사하는 것으로, 등받이가 있는 방석을 말합니다. 그만큼 존경한다는 뜻입니다. 채제공은 조정에서는 물러났으나 판중추부사라는 직책을 받고 국가 원로가 되었습니다. 그리고 이듬해인 1799년 숨을 거두었습니다.

소나무처럼 높고 높아 우뚝 솟았고, 산처럼 깎아지른 듯 험준하여라.
그 기개는 엷은 구름같이 넓고, 도량은 바다를 삼킬 듯 크다.
강개하고 청명하여 장주의 정을 취한 듯 열자의 진액인 듯하고,
사마천의 골수 같고 반고의 힘줄 같다.
경을 알고 경을 씀에 내 득실히 믿었노라.
조정에 노성(老成)이 없다면 국가를 어찌 보존하랴.
어버이에게 효도한다 소문 자자하니 경 같은 이는 매우 드물도다.

🔍 **수원 화성**(경기도 수원시 장안구 연무동)

정조대왕이 새로운 도시를 세우고자 정약용에게 명하여 설계하고 영의정인 채제공이 총괄 지휘해 만든 성으로 총길이는 약 5.7km, 면적은 37만 1,145㎡에 이른다. 성내에 있는 수원화성박물관에는 채제공의 영정(보물 제1477호) 등 수원 화성과 관련된 유물을 전시하고 있다.

정약용이 설계하고 채제공이 총지휘하여 세운 수원 화성(축성 당시의 모습으로 보수, 복원된 현재의 모습)

    채제공이 죽자 정조대왕은 문숙이라는 시호를 내리고 직접 추모의 글을 지으니 이를 '어제뇌문'이라고 합니다.
    채제공은 경기도 용인에 묻혔는데, 묘로 이르는 입구에 '어제뇌문'을 새긴 비를 세우니 현재 어제뇌문비는 비각 안에 있습니다. 보통 비석을 세우면 글을 쓴 사람의 이름을 넣지만 이 비석은 정조대왕이 직접 쓴 것이므로 이름을 넣지 않았습니다.
    한편, 채제공의 위패는 고향인 충청남도 청양의 상의사에 있습니다. 현재 상의사에는 정모재라는 재실과 장판각, 그리고 채제공의 영정을 모신 영당이 있습니다. 영당에는 초상화와 초본, 향낭, 함 등 채제공이 남긴 유물이 전해지는데, 모두 함께 보물 제1477호로 지정되어 있습니다.

죽어서도 정조대왕을 도운 채제공

채제공이 죽고 몇 달 후의 일입니다. 경상도에 사는 한 선비가 과거를 보러 한양으로 올라가던 중 용인에 이르러 날이 저물고 말았습니다. 마침 집 한 채가 보이기에 문을 두드리니 노인이 문을 열어 주었습니다.

노인은 선비의 위아래를 훑어보더니 과거를 보러 가는 길이냐고 물었습니다. 선비가 그렇다고 대답하자, 노인이 말하였습니다.

채제공의 묘 앞에 있는 어제뇌문비

채제공의 묘(경기도 용인시 처인구 역북동 산 5번지)

"금번 과거 시험에는 화부화(花復花)가 날 것이니 준비 잘하시오."
예사로운 일이 아닌지라 선비가 물었습니다.
"화부화가 무엇입니까?"
"화부화란 꽃이 핀 후에 또다시 꽃이 핀다는 것이니 목화를 말하는 것일세."

채제공의 초상화

초상화는 두 점으로 좌측은 오사모에 쌍학흉배의 흑단령포를 입은 전신의좌상이며, 우측은 분홍색 관복에 손부채와 향낭을 들고 있는 모습이다. 우측 초상화는 1792년 이명기가 그린 것이나, 좌측 것은 이명기가 그렸을 것으로 추정된다.

상의사 영당(충청남도 청양군 화성면 구재리). 영당 내에 이명기가 그린 채제공의 영정이 있다.

　선비는 며칠 뒤 과거 시험을 보았는데, 정말 '화부화'가 과제로 나왔습니다. 선비는 미리 준비하였던 글을 단숨에 써냈고, 결국 합격하였습니다.
　이때 선비의 답안지를 살펴본 정조대왕은 깜짝 놀라고 말았습니다. 화부화가 목화라는 것을 정확히 알았기 때문입니다. 정조대왕은 선비를 불러 물었습니다.
　"어떻게 이 답을 쓰게 되었느냐?"
　선비는 잠시 머뭇거리다 사실대로 말하였습니다.
　"경기도 용인에서 하루 묵을 때 노인이 가르쳐 주었습니다."
　"그래, 그 노인은 어떻게 생겼던가?"
　정조대왕은 더욱 궁금하였습니다. 선비는 노인의 모습을 자세히 설명하였습니다. 선비의 설명을 들은 정조대왕은 커다란 충격에 빠졌습니다. 분명 채제공이었기 때문입니다.

"아, 채제공이 죽어서도 재주를 부리는구나!"

채제공이 살아 있을 때 정조대왕은 과거 시험 문제를 무엇으로 내야 하는지를 고민하곤 하였습니다. 채제공이 워낙 많은 것을 아는지라 정조대왕은 채제공도 모를 만한 문제를 내려고 했던 것입니다. 화부화도 그런 문제 중 하나였는데, 채제공이 알까 봐 미루어 놓았다가 채제공이 죽은 후에야 문제로 낸 것입니다. 그런데 채제공이 죽어서까지 그 문제를 선비에게 일러 주어 인재를 천거한 것입니다. 가히 재상 중의 재상이라고 할 만한 일화입니다.

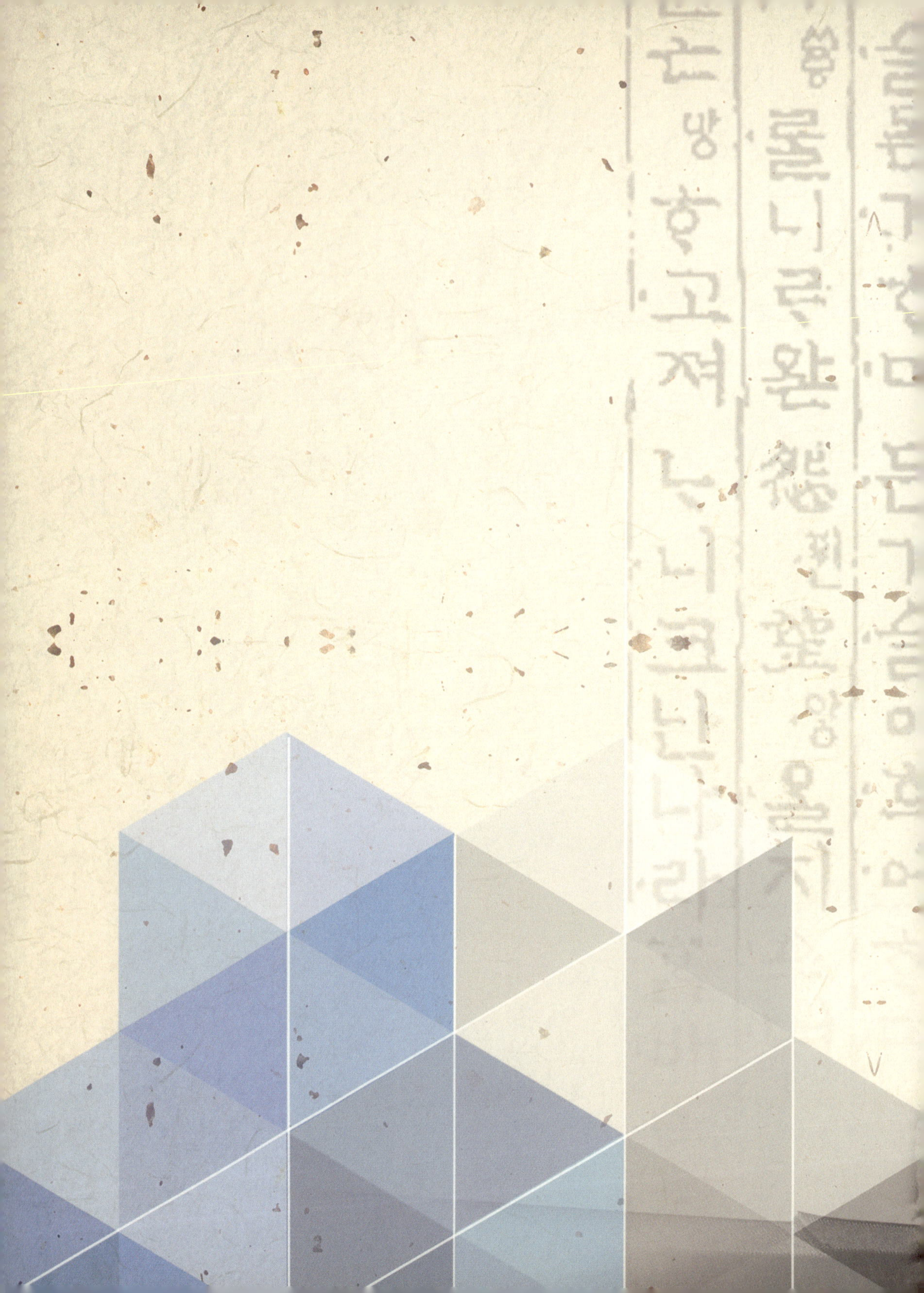

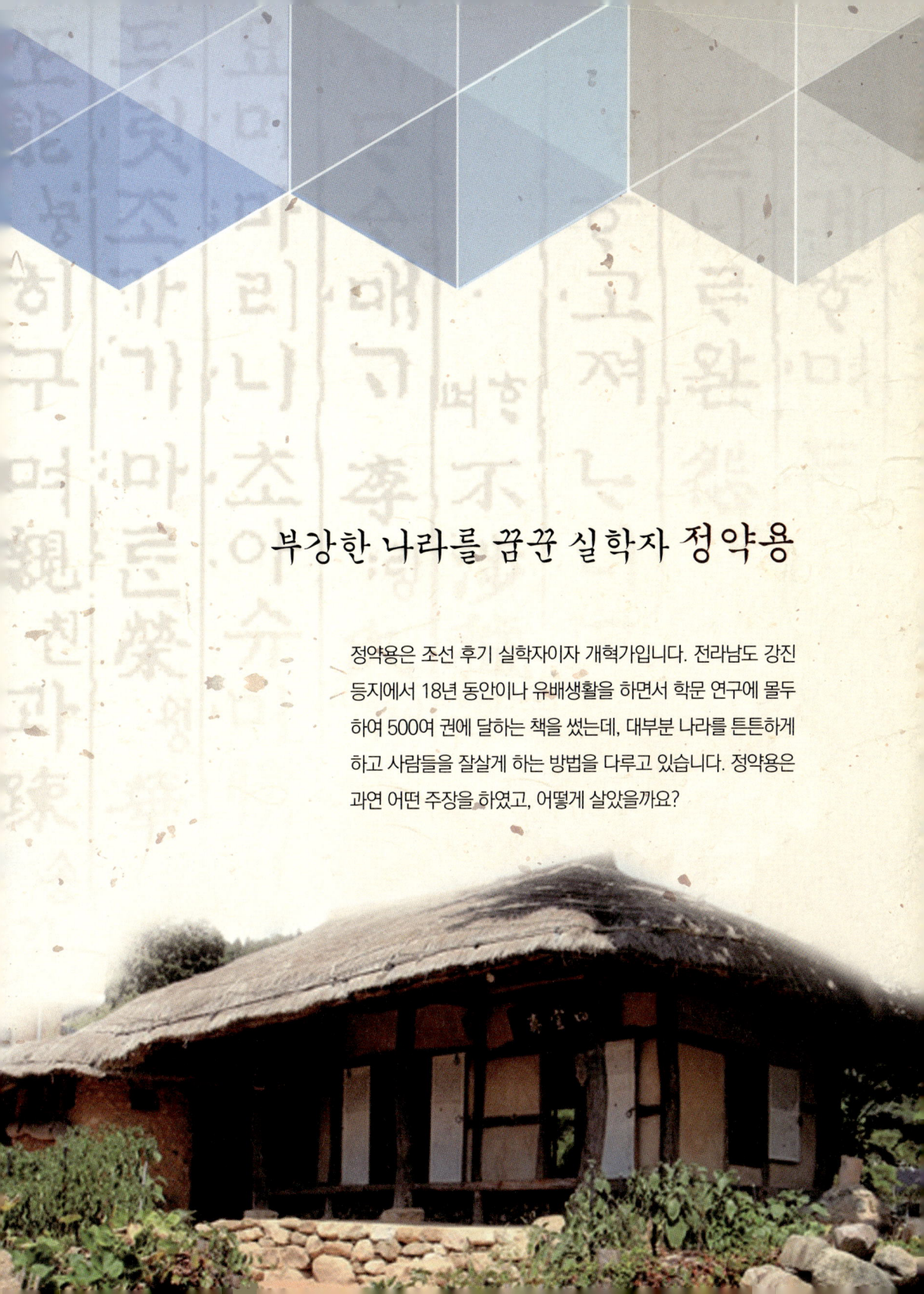

부강한 나라를 꿈꾼 실학자 정약용

정약용은 조선 후기 실학자이자 개혁가입니다. 전라남도 강진 등지에서 18년 동안이나 유배생활을 하면서 학문 연구에 몰두하여 500여 권에 달하는 책을 썼는데, 대부분 나라를 튼튼하게 하고 사람들을 잘살게 하는 방법을 다루고 있습니다. 정약용은 과연 어떤 주장을 하였고, 어떻게 살았을까요?

부강한 나라를 꿈꾼 실학자 정약용

한 선비가 산길을 가다가 나귀를 몰고 오는 소년을 만났습니다. 소년의 눈빛이 하도 초롱초롱하여 선비가 말을 걸었습니다.

"어디 사는 뉘댁 도령이신가?"

"마재에 사는 정목사 댁 넷째 약용이라고 하옵니다."

나귀의 등에는 보따리가 실려 있었습니다. 이를 본 선비는 다시 물었습니다.

"저것은 무엇인가?"

"책입니다. 재 너머 아저씨 댁에서 빌려오는 중입니다."

"누가 그렇게 많은 책을 읽지?"

"제가 읽습니다."

장우성 화백이 그린 정약용의 초상화(전라남도 강진군 다산기념관 소장)

그 뒤 선비는 과거 시험을 보고 낙방하여 돌아오다 그 자리에서 다시 나귀를 몰고 오는 약용을 만났습니다. 약용은 선비를 알아보고 먼저 인사를 하였습니다.

"안녕하세요?"

"이번에는 무엇을 싣고 가나?"

"책입니다. 저번에 빌려 왔던 것을 돌려 드리려고요."

"왜? 임자가 재촉을 하시던가?"

"아니에요. 다 읽었으니까 돌려 드리고 다른 책으로 바꿔 오려고요."

약용의 말에 선비는 깜짝 놀라고 말았습니다. 어린 소년이 10여 일 사이에 그렇게 많은 책을 읽을 줄은 몰랐기 때문입니다.

이렇듯 정약용(1762~1836)은 어릴 때부터 많은 책을 읽었는데, 시도 잘 지어서 7세에 이미 한시를 지었고, 10세에는 《삼미집》이라는 시집까지 낼 정도였습니다. '삼미(三尾)'란 눈썹이 세 개라는 뜻인데, 어릴 때 천연두를 앓아 오른쪽 눈썹이 빠져 세 개로 보이기 때문에 붙여진 것입니다.

마재(현재 경기도 남양주시 마현동)에 살던 정약용은 15세 때 한양의 풍산 홍씨 댁에 장가를 들어 한양으로 올라왔고, 이후 실학자 이익의 글을 접하였습니다. 이익은 《성호사설》 등을 지어 사회의 잘못된 점을 어떻게 고쳐야 하는지를 밝혔는데, 정약용도 이에 영향을 받아 사람들에게 실제로 도움이 되는 공부를 하기로 마음을 먹었습니다.

정조대왕의 신임으로 초고속 승진

정약용은 22세 때 소과에 합격하여 성균관에 들어갔습니다. 당시 정조대왕은 국가를 개혁할 젊은 인재를 찾고 있었는데, 하루는 성균관 유생들에게 《중용》에서 의심이 나는 것을 풀이해 보라는 과제를 냈습니다. 《중용》

은 사서삼경의 하나입니다. 정약용은 큰형인 정약현의 처남 이벽을 찾아가 밤새 토론하고 숙제를 작성해 제출하였습니다. 정약용의 과제물을 본 정조대왕은 깜짝 놀랐습니다.

"다른 이들의 답을 보면 부족한 것이 많지만 정약용의 답은 흠잡을 데가 없구나. 큰 재목이로다!"

정약용은 정조대왕의 마음에 쏙 들었습니다.

하지만 과거 시험에 합격해야 벼슬을 할 수 있는데, 정약용은 번번이 낙방하는 것이었습니다. 정조대왕은 그런 정약용을 불러서 용기를 주곤 하였습니다. 이때 정약용은 이벽과 친하게 지내며 천주교에 입문하여 천주교 서적을 탐독하였습니다. 새로운 학문인 실학과 천주교 서적에 열중하느라 과거 시험에 번번이 떨어진 것입니다.

1789년 정약용이 드디어 과거 시험에 합격하자, 정조대왕은 그를 규장각에 보내 학문을 더 연구하게 하였습니다. 규장각은 궁궐에 설치한 도서관으로 정약용은 그곳에서 많은 분야의 책을 접하고 연구할 수 있었습니다. 그 결과 한강에

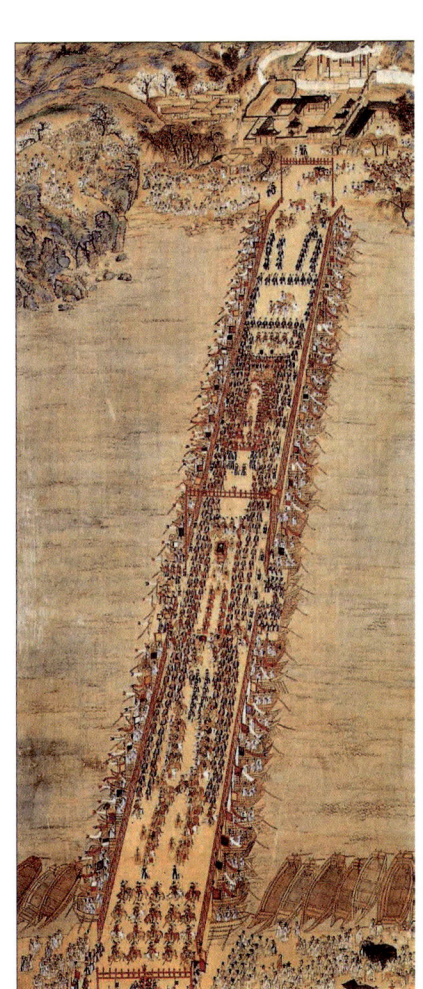

정조대왕 행렬이 배다리를 건너는 모습이 그려진 〈화성능행도〉

배다리를 놓았고, 수원 화성을 설계할 수 있었습니다. 또한 거중기를 고안하여 수원 화성을 쌓을 때 사용하였는데, 이로 인하여 4만 냥의 공사비를 절약하고 공사 기간도 10년 걸릴 것을 2년 9개월로 단축할 수 있었습니다.

수원 화성을 쌓을 때 사용된 거중기

또한 정약용은 수원 화성을 쌓는 방법과 재료 등을 《화성성역의궤》에 꼼꼼하게 기록해 두었는데, 이 때문에 1950년 한국전쟁으로 무너진 수원 화성을 완벽하게 복원할 수 있었습니다.

큰일을 거푸 해내어 정조대왕으로부터 신임을 듬뿍 받은 정약용은 이후 암행어사로도 활약하였습니다. 그는 경기도 북부를 돌아보고 탐관오리들을 여럿 적발하였는데, 당시 백성을 다스리는 관리가 무엇을 갖춰야 하는지를 깨달아 훗날 《목민심서》라는 책을 쓴 것입니다. 정조대왕은 정약용이 암행어사 일까지 척척 해내자 동부승지라는 벼슬을 하사하였습니다. 겨우 34세의 나이에 왕에게 자문을 하는 정3품의 고관이 되자, 사람들은 부러워하기도 하였으나 시기하는 사람들도 있었습니다.

🔍 배다리

배를 연결한 다리는 《시경》에도 나올 정도로 역사가 오래되었는데, 우리나라에서는 1795년 2월 정약용이 용산과 노량진 사이에 만든 것이 처음이다. 배 400여 척을 동원하였고, 나무판 1,800개를 이어 붙여 다리를 만들었다. 〈화성능행도〉에 정조대왕이 배다리를 건너 행차하는 모습이 남아 있다.

당쟁으로 희생당한 정약용

　당시 조정은 노론이 지배하고 있었는데, 정약용은 세력이 약한 남인에 속해 있었습니다. 노론들은 정약용을 그대로 두면 자신들의 세력이 약해질 것 같아 정약용을 몰아내려고 하였는데, 정약용이 젊은 시절 천주교를 믿었다는 사실을 알아내고는 정조대왕에게 정약용을 조정에서 내쫓아야 한다고 상소문을 올렸습니다. 당시는 천주교가 우리나라에 들어온 지 얼마 안 된 때라서 천주교도들을 천주학쟁이라며 낮춰 부르던 때입니다.

　정약용이 천주교를 믿은 것은 사실이지만 천주교에서 조상에게 제사 지내는 것을 금지시키자 더 이상 믿지 않았다 합니다. 그러나 천주교를 가까이하였다는 것 때문에 이후 정약용은 오랜 세월을 유배지에서 보내야 했습니다.

　처음에 정조대왕은 상소를 받아 주지 않았으나 노론들이 계속 상소를 올리자 하는 수 없이 정약용을 불렀습니다.

　"잠깐 충청도로 내려가 있게. 가서 천주교를 믿지 않는다는 것을 보여 준다면 저들도 더 이상 왈가왈부하지 않을 걸세. 그때 다시 부를 것이야."

　그러고는 정약용을 금정도 찰방으로 임명하였습니다. 금정도란 당시 충청도 청양에 있던 금정역을 중심으로 한 길을 말하며, 찰방은 역참을 관리하는 직책을 말합니다. 동부승지에서 졸지에 시골 역장으로 좌천된 것입니다. 정약용은 찰방으로 일하면서 틈이 날 때마다 천주교 신자들을 찾아가 천주교를 믿지 말라고 설득하였다고 합니다.

　'열에 여덟아홉은 설득할 수 있으나 모두를 설득하기는 어렵습니다.'

　정약용이 정조대왕에게 보낸 편지를 보면 그가 얼마나 열심히 천주교 신자들을 설득하였는지를 알 수 있습니다.

　정조대왕은 정약용의 활동을 보고받고 5개월 만에 다시 그를 조정으로 불러들였습니다. 정약용은 이후 형조와 병조에서 각각 참의(오늘날의 국장급)를

1799년 정약용이 낙향하여 생가의 명칭을 여유당(경기도 남양주시 조안면 능내리)이라고 지었다.

지내고 규장각에 들어가 책을 펴내는 일을 하였습니다.

그러나 노론들이 정약용을 계속 헐뜯으니 정조대왕은 정약용을 또다시 황해도 곡산부사로 내려보내야 했습니다. 이후 병조 참의로 다시 복귀하였지만, 또다시 노론들이 비난하자 정약용은 정조대왕에게 '자명소'라는 글을 올리고 고향으로 돌아갔습니다. 자명소란 자신은 아무 죄가 없다는 상소를 말합니다.

고향으로 돌아온 그는 집 이름을 여유당(與猶堂)으로 짓고 학문 연구에 몰두하였습니다. 여유당이란 《도덕경》에 나오는 구절로 여(與)는 '겨울 냇물을 건너듯하다.'는 뜻이고, 유(猶)란 '사방을 두려워하는 듯하다.'의 뜻이니 세상을 조심해서 살아가겠다는 깊은 뜻이 담겨 있습니다.

그런데 그것이 정조대왕과의 마지막 이별이 되고 말았습니다. 1800년 6월 12일 정조대왕이 승하한 것입니다. 정약용은 정조대왕을 기리며 시를 한 수 지었습니다.

빈소를 열고 발인하는 날 슬픔을 적다

운기, 우개 펄럭펄럭 세상 먼지 터는 걸까.
홍화문 앞에다 조장을 차리었네.
열두 전거에다 채워 둔 우상 말이
일시에 머리 들어 서쪽을 향하고 있네.
영구 수레가 밤 되어 노량 사장 도착하니
일천 개 등촉들이 강사 장막 에워싸네.
단청한 배 붉은 난간은 어제와 똑같은데
님의 넋은 어느새 우화관으로 가셨을까.
천 줄기 흐르는 눈물 의상에 가득하고
바람 속 은하수도 슬픔에 잠겼어라.
성궐은 옛 모습 그대로 있건마는
서향각 배알을 각지기가 못 하게 하네.

죽음의 고비를 넘기고

정조대왕이 승하하자 세상은 순식간에 노론의 세상으로 바뀌었습니다. 11세의 어린 나이로 왕이 된 순조 임금 대신 정순왕후가 수렴청정을 하였고, 정순왕후는 노론과 함께 천주교도들을 박해하기 시작하였습니다. 우선 천주교를 믿는 사람들을 역적으로 여긴다는 포고령을 발표한 후 많은 천주교인들을 체포하고 죽였는데, 이를 '신유박해'라고 합니다.

《자산어보》를 지은 정약전(정약용의 둘째 형)의 초상화

신유박해를 서양에 알리려 하였던 황사영의 백서. 현재 로마교황청에 소장되어 있다.

이때 정약용은 둘째 형인 정약전, 셋째 형 정약종과 함께 체포되었는데, 독실한 천주교인인 정약종은 사형을 당하였고 정약용과 정약전은 경상도 장기와 전라도 신지도로 각각 유배를 당하였습니다.

이것이 다가 아닙니다. 정약용의 조카사위인 황사영이 중국에 와 있던 프랑스 선교사에게 신유박해의 참상을 알린 편지가 발각되는 바람에, 정약용과 정약전은 다시 한양으로 압송되었습니다. 황사영은 반역자라는 죄명으로 처형되었으며, 정약용과 정약전 역시 모진 고문을 받고 죽을 지경에 이르렀습니다. 그러나 황사영의 일과는 아무런 관련이 없는 것으로 밝혀져 정약용은 전남 강진으로, 정약전은 흑산도로 유배를 당하였습니다. 이 사건을 '황사영 백서 사건'이라고 합니다.

이렇게 두 번이나 죽을 뻔한 고비를 넘기고 강진으로 떠나는 정약용은 한숨이 절로 나왔습니다. 하지만 마음을 더욱 굳게 먹고 위기를 기회로 삼았습니다.

'그간 벼슬을 사느라 학문을 게을리하였는데, 이제 죽을 때까지 마음껏 공부해야겠다.'

강진에 도착한 정약용은 한 주막에 기거하며 낮에는 아이들을 가르치고 밤에는 학문을 닦았습니다. 그러던 어느 날 정약용은 자신의 방문 위에 사의재(四宜齋)라는 이름을 써 놓았습니다. 사의는 생각, 용모, 말, 행동, 이 네

가지를 바르게 하겠다는 뜻입니다. 사의재에서 4년을 머문 후 혜장 스님의 도움으로 고성사의 보은산방으로 거처를 옮겼고, 얼마 후 다시 제자인 이청의 집으로 옮겨 학문 연구를 계속하였습니다.

유배지에서 실학을 완성하다

유배된 지 8년이 흐른 어느 날 외가 쪽 친척이 찾아왔습니다.

"어르신! 이제 저희가 마련한 곳으로 거처를 옮기시지요."

"그런가. 한번 가 봄세."

정약용은 그를 따라 차 밭이 있는 야트막한 산 위로 올랐습니다. 아담한 집이 마음에 쏙 들어 거처를 옮기니 이곳이 바로 다산초당입니다. 다산(茶山)

정약용이 강진에서 유배생활을 처음 시작하였던 사의재(전라남도 강진군 강진읍 동성리)

고성사에 있는 보은산방

은 차 밭이 있어서 붙여진 명칭으로 정약용은 자신의 호로 삼았습니다. 초당 옆에는 약천이라는 샘이 있어서 차를 이 물로 끓여 마셨고, 그 앞에 연못을 만들어서 잉어를 키웠습니다. 또한 연못 안에 작은 산을 만들어서 석가산이라고 하였고, 나무 홈통으로 물이 연못에 들어가도록 꾸며 놓고 이를 비류폭포라고 하였습니다. 비록 유배를 당한 몸이지만 신선처럼 살고자 한 것입니다.

> **사의재와 보은산방**
>
> 사의재는 전라남도 강진군 강진읍 동성리에 복원되어 식당과 한옥 체험관을 갖추고 있다. 고성사에 있는 보은산방은 정약용이 9개월간 머문 곳으로 아들 학연과 6명의 제자를 가르친 곳이다. 고성사는 1211년 원묘국사가 지은 절이라고 전해진다.

다산초당 옆에 있는 약천

약천 샘물로 차를 끓이던 부뚜막 돌인 다조

다산초당 앞의 연못

　정약용은 다산초당에 10년간 머물며 학문을 연구하고 많은 제자들을 길러 냈습니다. 또 추사체로 유명한 김정희와 혜장 스님 등과 만나며 학문을 토론하고 시와 글을 주고받기도 하였습니다. 특히 혜장 스님은 다산초당에서 가까운 백련사에 머물러 자주 만났는데, 다산초당에서 백련사로 이어지는 길은 정약용이 수없이 걸었던 산책로입니다. 길 옆으로 펼쳐지는 동백나무 숲은 현재 천연기념물 제151호로 지정되어 있습니다.

　정약용이 쓴 책은 대부분 나라를 부강하게 하고 백성들을 잘살게 하기 위한 방법을 다루고 있습니다. 분야도 정치, 경제, 사회는 물론 의학과 지리,

언어, 과학, 법률 등 매우 다양합니다. 이렇듯 여러 가지 분야의 책을 써 나가자 누군가 물었습니다.

"유배가 풀릴 것 같지 않는데, 뭐 하러 이렇게 고생하십니까?"

책의 내용을 써먹지도 못할 것 아니냐는 뜻입니다. 이에 정약용은 대답하였습니다.

"이는 누군가 반드시 해야 하오. 그렇지 않으면 나라가 망합니다."

그렇게 다산초당에서 10년이 흐른 후 1818년 정약용은 드디어 유배에서 풀려났습니다. 다산초당을 떠나는 날 정약용은 초당 옆의 바위에 '정석(丁石)'이라는 글자를 새겼습니다. 자신의 돌이라는 의미입니다.

18년간 유배생활을 마치고 고향으로 돌아온 그는 그간 써 놓은 글들을 책으로 엮기 시작하였습니다. 계속 엮다 보니 어느덧 책은 500권이 넘었고, 시도 모아 보니 3,000수가 넘었습니다. 거의 1년에 30권에 가까운 책을 쓴 것이니 정약용이 얼마나 열심히 학문을 연구하였는지를 알 수 있습니다.

이 중 대표작은 '1표 2서'인데 《경제유표》와 《목민심서》, 《흠흠신서》를 말합니다. 《경제유표》는 사회를 어떻게 개혁해야 하는지를 구상한 책으로 행정 기구를 개편함은 물론 관제와 토지 제도, 부역과 세금 제도 등을 왜 개혁해야 하는지를 상세하게 다루고 있습니다. 《목민심서》는 지방을 다스리는 관리가 지켜야 할 사항을 밝힌 책으로, 부임할 때부터 돌아갈 때까지 어떤 일을 어떻게 해야 하는지를 상

다산초당 옆 바위에 새겨져 있는 '정석(丁石)'

정약용이 10년 동안 기거한 다산초당(전라남도 강진군 도암면 만덕리). 이곳에서 정약용은 제자를 키우고 많은 책을 썼다.

세하게 다루고 있는데, 당시 관리들의 잘못된 점을 비판하고 경계하는 성격을 지닙니다. 《흠흠신서》는 죄인을 다루는 방법에 대한 책으로, 다양한 살인 사건을 소개하며 어떻게 처리하는 것이 올바른지를 적어 놓았습니다.

🔍 **강진 다산초당**(사적 제107호)

다산초당으로 오르는 길 입구에는 정약용의 업적과 생애 등을 살펴볼 수 있는 다산유물전시관이 있으며, 다산명가라는 전통 찻집도 있다. 다산명가는 1950년대 말 다산초당을 복원한 해남 윤씨 가문의 윤동환 전 강진 군수가 운영하는 곳이다.

자찬묘지명과 죽음

정약용은 1822년 회갑을 맞이하여 '자찬묘지명'을 지어 자신의 생애를 정리하였습니다. 자찬묘지명이란 자신의 묘비의 글을 자신이 짓는 것을 말합니다. 보통은 남이 쓰는데 스스로 지은 것은 자신의 생애를 꾸밈없이 남기기 위해서입니다. 다른 사람이 쓴다면 부풀릴 수 있습니다.

묘로 오르는 층계 끝에 있는 자찬묘지명 비석

네가 말하기를, 나는 사서 육경을 안다고 했으나
그 행할 것을 생각해 보면 어찌 부끄럽지 않으랴.
너야 널리널리 명예를 날리고 싶겠지만 찬양이야 할 게 없다.

생가 뒷산에 있는 정약용의 묘

몸소 행하여 증명시켜 주어야만 널리 퍼지고 이름이 나게 된다.
너의 분함을 거두어들이고 너의 창광을 거두어들여서
힘써 밝게 하늘을 섬긴다면 마침내 경사가 있으리라.
　　　　　　　　　　　　　　－정약용의 '자찬묘지명'에서

이후 정약용은 유람을 다니며 여생을 보냈습니다. 그러다가 부인과 결혼한 지 60주년이 되는 1836년 2월 22일, 많은 손님들이 찾아온 가운데 정약용은 75세를 일기로 세상을 떠났습니다. 정약용의 시신은 생가 뒷산에 묻혔습니다.

다산 유적지에 있는 정약용 동상

🔍 정약용 생가와 다산문화관, 다산기념관, 실학박물관

정약용의 생가는 경기도 남양주시 조안면 능내리에 있으며, 근처에는 사당과 다산문화관, 다산기념관, 실학박물관이 있다. 이 일대는 또한 이벽과 이승훈, 황사영 등 많은 천주교 신자들이 드나들던 천주교 성지로도 유명하다.

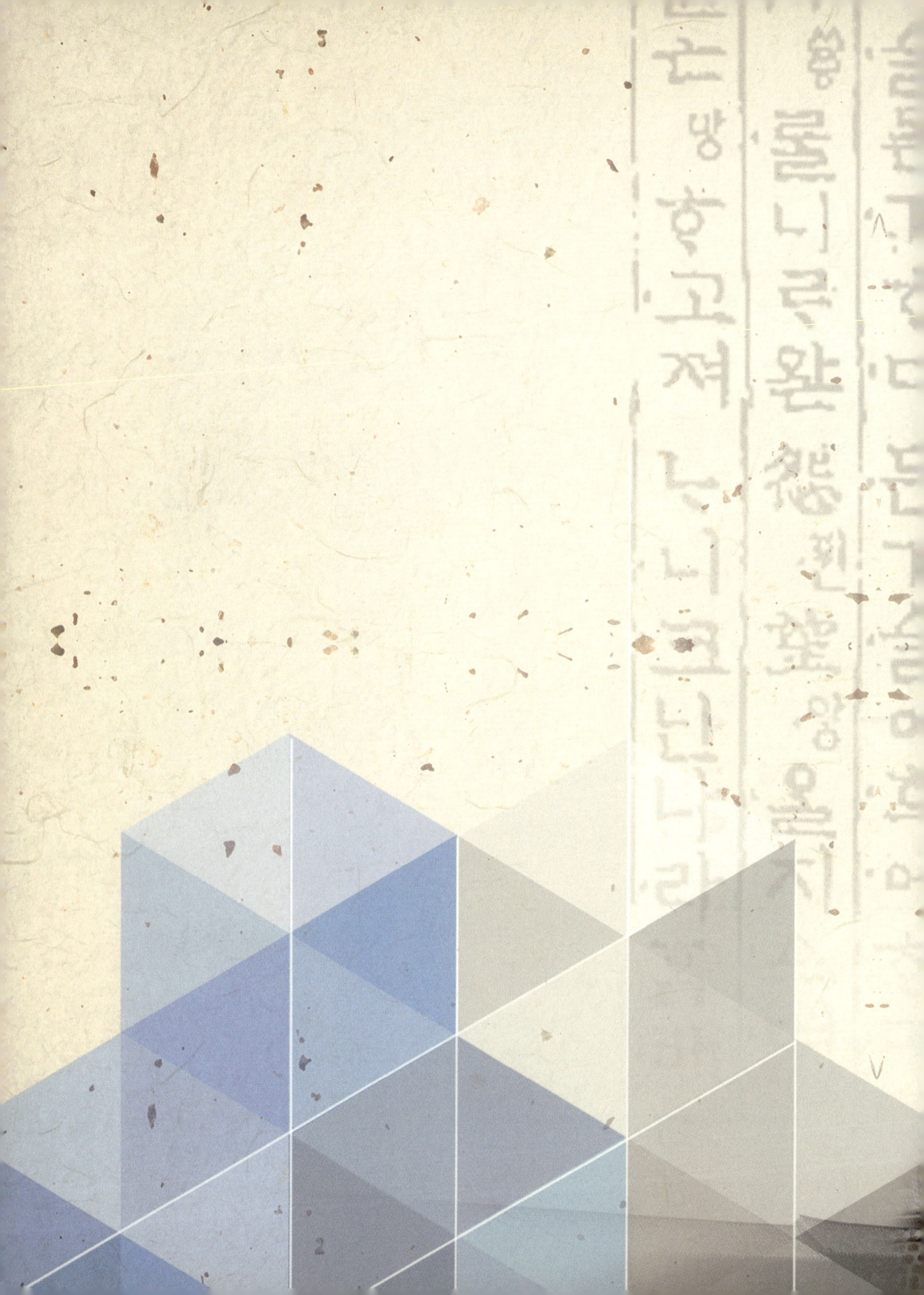

조선 최고의 명필 김정희

김정희는 조선 후기를 대표하는 예술가로, 서예와 그림은 물론 금석학이라는 학문에도 뛰어난 업적을 남긴 인물입니다. 세도정치에 희생되어 오랫동안 유배생활을 하였으나 좌절하지 않고 노력하여 추사체를 완성하는 등 조선 최고의 명필이 되었습니다. 과연 김정희는 어떤 삶을 살았을까요?

조선 최고의 명필 김정희

'입춘대길(立春大吉) 건양다경(建陽多慶)이라.'

조선 후기 실학자 박제가는 한양 장동을 지나다 어느 집 대문에 붙어 있는 입춘첩을 보고 발걸음을 멈추었습니다. 글씨체가 예사롭지 않아 누가 쓴 것이 궁금하였기 때문입니다. 그는 집주인을 불렀습니다.

"아니, 초정 선생께서 웬일이십니까?"

집주인이 나오더니 아는 체를 하였습니다. 초정은 박제가의 호입니다.

"다름이 아니라 이 글씨는 누가 쓴 것입니까?"

허유가 그린 김정희의 초상화(삼성미술관 리움 소장)

박제가는 입춘첩을 가리키며 물었습니다.

"우리 집 아이가 쓴 것입니다."

이 독특한 글씨를 아이가 쓴 것이라는 말에 박제가는 다시 물었습니다.

"아이가 몇 살이오?"

"올해 여섯 살입니다."

집주인의 말을 들은 박제가는 깜짝 놀라더니 말을 이었습니다.

"이 아이가 좀 더 크면 제가 가르쳐도 되겠습니까?"

박제가의 말에 아이의 아버지는 감사해하며 대답하였습니다.

"당연하지요. 제가 오히려 감사할 따름입니다."

이 아이는 바로 훗날 조선 최고의 명필이 된 김정희(1786~1856)입니다.

그런데 이듬해 영의정 채제공도 김정희가 쓴 입춘첩을 보고 박제가처럼

김정희의 집이 있던 통의동 백송 터(서울특별시 종로구 통의동)

집주인을 불러 누가 쓴 것인지 물었습니다. 7세인 김정희가 썼다는 말에 놀라더니 집주인에게 당부하였습니다.

"이 아이는 반드시 명필이 될 것입니다. 허나 그리되면 운명이 기구해질 것이니 절대로 붓을 쥐게 해서는 안 되오. 대신 문장을 하게 하면 반드시 큰 인물이 될 것이오."

이렇게 어려서부터 글씨로 인정을 받은 김정희는 결국 박제가의 문하에 들어가 학문을 시작하였습니다.

김정희의 집이 있던 곳은 현재 서울 종로구 통의동 백송 터입니다. 본래 이곳에는 영조 임금이 왕이 되기 전에 살았는데, 왕위에 오르자 자신의 사위인 김한신에게 하사하였습니다. 김한신은 바로 김정희의 증조부입니다. 이렇게 왕자가 아닌 사람이 왕으로 추대되었을 때 그가 살던 집을 잠저라고 부릅니다.

이곳에 있던 백송은 나무의 모양이 아름다워 1962년 천연기념물 제4호로 지정되었으나 1990년 태풍으로 쓰러져 죽었으며, 현재는 그 나무의 후손 네 그루가 터 주변에 심어져 있습니다.

해동 제일의 문장

박제가는 청나라의 학술과 문물, 기술 등을 연구한 실학자입니다. 청나라 학술 등을 연구하는 학문을 북학이라고 하는데, 김정희는 박제가로부터 자연스럽게 북학을 접하였습니다.

그러나 김정희의 청소년기는 불우한 나날이었습니다. 12세 때 할아버지와 양아버지(큰집에 후손이 없어 양자로 들어갔음)가 죽고, 16세에는 어머니가 죽었으며, 이듬해에는 1800년에 혼인한 동갑내기 아내와 사별하였습니다. 또 뒤를 이어 스승 박제가도 세상을 떠났습니다.

그런 와중에도 열심히 학문을 닦았고, 25세 때에는 아버지를 따라 청나라에 들어가 선진 학문을 익힐 기회를 잡았습니다. 이때 김정희는 연경에 2개월간 머물며 옹방강과 완원 등 당대 최고의 학자들과 친분을 쌓았습니다. 옹방강은 김정희의 글을 보더니 깜짝 놀라며 칭찬하였습니다.

"그대는 해동 제일의 문장을 지녔소."

완원도 김정희에게 반하여 자신의 성을 따서 '완당'이라고 호를 지어 주었습니다. 김정희의 호는 '추사'가 유명하나 이외에도 100개가 넘습니다.

김정희는 당시 금석학이라는 학문을 처음으로 접하였는데, 금석학이란 금속과 돌에 새겨진 옛글을 연구하는 역사학의 한 분야입니다. 김정희는 중국에서 돌아온 뒤 금석학에 몰두하였습니다. 이 시절 그는 과거 시험도 잊고 옛 비석을 찾아다녔는데, 훗날 이렇게 회고하였습니다.

'옛것을 좋아하여 때로는 깨진 빗돌을 찾아다녔고, 경전을 연구하느라 여러 날 시 읊기도 그만두었다.'

그러던 1816년 7월 어느 날, 그는 금속학을 연구하는 조인영 등과 함께 북한산 비봉에 올라 옛 비석 하나를 마주하였습니다. 사람들은 그 비석을 조선 초 무학대사나 신라의 고승 도선국사가 세운 것으로 알고 있었고, 비석에 글씨가 보이지 않아 몰자비(沒字碑)라고 부르곤 하였습니다.

김정희가 중국 학자들로부터 배운 대로 비석의 이끼를 제거하였더니 글자가 드러났습니다. 탁본을 통해 68개의 글자를 확인하였는데, 놀랍게도 신라 진흥왕이 세운 순수비였습니다. 그는 이후 금석학에 더욱 깊이 빠져들어 갔습니다. 문무왕비와 무장사비, 평백제비(정림사지 5층석탑에 새겨져 있는 소정방의 글) 등등 이때 김정희가 발굴한 비가 여럿입니다. 이 중 무장사비에는 중국의 명필 왕희지 글씨체가 들어 있어 중국의 학자들에게 큰 관심을 끌기도 하였습니다.

안동 김씨 모함으로 제주도로 유배를 가다

김정희는 34세 때 과거 시험에 급제하여 조정에 진출한 후 예조 참의와 시강원 보덕 등에 오르는 등 10년간 승진을 거듭하였으나, 1830년 윤상도의 옥사가 일어난 뒤 관직에서 물러났습니다. 당시 아버지 김노경이 윤상도 옥사에 관련되어 전라도 고금도로 유배되었는데, 김정희는 아버지의 누명을 벗기기 위하여 나섰다가 관직을 잃었습니다.

'윤상도의 옥사'란 윤상도가 호조 판서인 박종훈과 어영대장 유상량, 유수를 지낸 신위 등을 탐관오리라며 상소문을 올렸다가 되레 하옥된 것을 말합니다. 순조 임금은 군신 사이를 이간질하고 있다며 윤상도를 전라도 추자도로 유배를 보냈고, 이때 김노경도 관련자로 유배를 보냈던 것입니다. 김정희는 순조 임금이 행차할 때 꽹과리를 들고 나섰습니다. 옛날에는 억울한 일이 있으면 임금님이 행차할 때 꽹과리를 치며 호소하였는데, 이를 격쟁이라고 합니다. 김정희가 꽹과리를 두드리자 임금 행렬이 멈추었습니다. 김정희는 큰 소리로 아뢰었습니다.

"김노경의 아들 김정희입니다. 아비에게는 죄가 없사옵니다."

그러나 순조 임금은 못 들은 체하고 지나쳤습니다. 그 후 김정희는 관직을 잃었습니다.

이는 당시 조정을 장악하고 있는 안동 김씨들에 의하여 빚어진 일입니다. 안동 김씨들은 왕실 외척으로 세도 정치를 펼치고 있었는데, 자신들의 세력을 확고하게 하기 위하여 경주 김씨인 김노경을 쫓아냈던 것입니다.

다행히 김노경은 이듬해 유배에서 풀려나 조정에 복귀하였고, 김정희도 몇 년 뒤 병조 참판으로 임명되며 복귀하였습니다. 하지만 옛날에는 한 번 허물이 있으면 죽을 때까지 계속 따라다녔습니다. 윤상도 사건이 난 지 꼭 10년 만에 안동 김씨들은 그 사건을 조정에서 다시 다루었고, 윤상도를 고

문하여 김정희가 자신이 올렸던 상소문을 지었다는 거짓 진술을 받아, 윤상도와 김노경에게는 사약을 받게 하고 김정희도 죽을 지경에 이르렀습니다.

이때 우의정 조인영이 나서 김정희를 변호하여 겨우 사형만은 면하였습니다. 조인영은 김정희와 함께 북한산 진흥왕 순수비를 발견한 학문적 동지입니다. 김정희는 제주도에 위리안치 유배형을 받고 떠났습니다. 위리안치란 유배 장소를 가시 울타리로 에워싸 죄인을 가두는 것으로 유배 형벌 중에는 가장 가혹한 조치입니다.

위리안치되었다는 것은 언제 사약을 받을지 모르는 상태에 놓인 것을 말합니다. 따라서 그런 유배형을 받으면 누구나 좌절하기 마련이지만 김정희는 희망을 잃지 않고 서예와 학문 연구에 매달렸습니다.

유배지에서 완성한 추사체와 <세한도>

그때 도움을 준 이가 제자 허유(후에 허련으로 개명)와 이상적입니다. 허유는 세 번이나 김정희를 찾아와 글씨와 그림을 배워 갔으며, 이상적은 귀한 책을 여러 번 구해서 보내 주었습니다.

김정희는 허유의 그림이 무르익자 '소치'라는 호를 주며 칭찬하였습니다.
"압록강 동쪽에는 이제 소치를 따를 자가 없다."

이후 허유의 그림은 아들 허형, 손자 허건으로 이어져 한국 남종화라는

> 🔍 **북한산 순수비**(국보 제3호)
>
> 진흥왕이 국경을 순시한 것을 기념하여 세운 비석으로 높이 155.1cm, 폭 69cm, 두께 16.6cm이다. 비에 새겨진 글자를 분석한 결과 568년경에 세워진 것으로 추정된다. 현재는 국립중앙박물관에 전시되어 있다.

김정희의 대표작인 〈세한도〉(국보 제180호)

독특한 화풍을 이루었습니다. 현재 진도의 운림산방은 이들 허씨 가문의 화방입니다.

한편, 이상적은 통역관으로 청나라를 자주 드나들며 김정희에게 《만학》과 《대운》 등 귀한 책을 구해 보내 주었습니다. 그런 이상적에게 보답을 하고자 그림 한 장을 그렸는데, 선비의 고결한 정신을 느낄 수 있는 〈세한도〉가 그것입니다. 김정희는 세한도 한 귀퉁이에 이상적을 칭찬하는 글을 남겼습니다.

'지난해에는 《만학집》과 《대운산방집》을 보내 주더니, 금년에는 우경이 지은 《황청경세문편》을 보내 주었다. 권세와 이익만을 좇는 세상에 참으로 고마운 일이 아닌가. 공자님이 말씀하시기를 날씨가 차가워진 후에야 송백(소나무와 잣나무)만이 홀로 시들지 않음을 안다고 하였는데, 그대가 바로 송백 아니던가.'

이상적의 인품을 겨울에도 시들지 않는 송백에 비유한 것입니다. 〈세한도〉를 받은 이상적은 북경에 갔을 때 청나라 학자들에게 그림을 보여 주었는데, 중국의 학자들은 하나같이 칭찬하며 그림 끝에 시를 써 넣었습니다.

추사 적거지(제주특별자치도 서귀포시 대정읍)

　김정희는 제주도에서 8년이 넘는 유배생활을 하면서 옛 명필들이 남긴 글씨를 수없이 반복해 써 보며 자신만의 글씨체를 만들어 냈는데, 이를 '추사체'라고 합니다. 추사체는 굵고 가는 차이가 심한 글씨로 각이 지고 비틀어진 듯하면서 조형미가 뛰어난 것이 특징입니다. 추사체는 무엇보다도 중국의 유명한 서체를 깨우치고, 금석학을 통하여 고대 글씨들도 섭렵한 결과의

🔍 추사 적거지(사적 제487호)

1948년 제주 4.3 사건으로 불에 탄 것을 2010년 새로 건립하였다. 적거지 내부에는 김정희의 작품을 전시하는 추사기념관이 있으며, 해마다 김정희의 생일(음력 6월 3일)에는 추념제를 올리고, 11월에는 추사문화예술제도 열린다. 이곳의 초가집은 〈세한도〉에 나오는 오두막을 견본으로 만들었다고 한다.

산물이어서 많은 사람들에게 커다란 영향을 끼친 서체로 평가됩니다.

그가 제주도에서 유배생활을 하던 곳은 대정읍 안성리인데, 현재 '추사 적거지'라고 하여 보존되어 있습니다. 적거지란 유배생활을 하던 곳을 말합니다. 본래 그 집은 강도순이라는 사람의 집이었다고 합니다.

과지초당과 봉은사에서 말년을 보내다

1849년 김정희는 8년간의 유배에서 풀려났습니다. 하지만 2년 후 영의정 권돈인의 일에 관련되어 다시 함경도 북청에 1년간 유배를 다녀왔습니다. 권돈인은 김정희보다 세 살이 많았으나 김정희의 제자로, 철종 임금의 증조부인 진종을 추존할 때 조천례(종묘 본전 안의 위패를 그 안의 다른 사당인 영녕전으로 옮겨 모시던 일)를 주청하였다가 옳지 못하다 하여 유배를 당하였는데, 친밀하게 지내던 김정희도 함께 유배를 가게 된 것입니다.

김정희가 말년을 보낸 과지초당(경기도 과천시 주암동)

김정희는 유배를 다녀온 후 경기도 과천의 과지초당에 들어와 마지막 여생을 보냈습니다. 과지초당은 아버지 김노경이 한성 판윤을 지낼 때 별서로 지은 것으로 근처에는 김노경의 묘도 있습니다. 과지초당이란 '오이가 나는 땅의 작은 초가'라는 뜻으로 김정희는 이곳에서 인생의 마지막을 보내며 많은 작품을 남겼습니다.

봉은사 법당에 붙은 김정희의 친필 편액 '판전(板殿)'

    뜨락이라 복사꽃 눈물 흘리니
    하필이면 가랑비 내리는 속에
    주인이 병에 잠긴 적이 오래라
    감히 봄바람에 웃질 못하나 보다.

- 〈과우즉사〉 시 전문 《완당선생전집》에서

🔍 과지초당

2007년 과천시에서 과천경마장 후문으로 가는 길가에 복원하였는데, 초당 인근에 있던 항아리로 만든 독우물과 작은 공원도 함께 조성해 놓았다. 과지초당 내에는 김정희의 친필 편지와 금석학 자료, 2006년 일본으로부터 기증받은 고서와 서화 등 1만 4,000여 점이 전시되어 있는 추사박물관도 있다.

▶ 추사고택 근처에 있는 김정희의 묘

　김정희는 말년에는 불교에 귀의하여 봉은사(현재 서울특별시 강남구 삼성동에 있는 사찰)에 자주 머물기도 하였습니다. 오늘날 봉은사에는 김정희가 죽기 3일 전에 쓴 '판전(板殿)'이라는 편액이 남아 있습니다.

　김정희는 1856년 10월 10일 71세의 나이로 숨을 거두었습니다. 묘소는 과천에 마련되었으나 1937년에 후손들이 충청남도 예산으로 이전하였는데, 이때 본처 한산 이씨와 후처 예안 이씨의 묘도 함께 이전하여 3명을 합장하였습니다.

　김정희의 묘 근처에 있는 추사고택은 1786년 6월 3일 김정희가 태어난 집으로 김정희의 증조부 김한신 때 영조 임금의 명으로 지어진 것입니다. 증조부 김한신이 부마(영조 임금의 둘째 딸 화순옹주의 남편)여서 충청도 53개 고을에 비용을 분담시켜 53칸 규모로 지었다고 합니다.

　추사고택의 솟을대문 앞에는 백송이 서 있는데, 김정희가 청나라에서 가

김정희가 태어난 추사고택(충청남도 예산군 신암면 용궁리)

예산 용궁리 백송(천연기념물 제106호)

추사고택 마당에 서 있는 돌기둥 '석년(石年)'

져온 백송의 자손들입니다. 처음 가져온 백송은 추사고택 근처에 있는 고조부 김흥경의 묘 앞에 있는데, 천연기념물 제106호로 지정되어 있습니다. 솟을대문을 들어서면 사랑채 마당에 '석년(石年)'이라는 글자가 새겨져 있는 돌기둥이 눈에 들어오는데, 이는 그림자를 이용하여 시간을 재는 해시계입니다.

화암사 뒤 절벽에 새겨진 김정희 유적 '시경(詩境)'

추사고택에서 가까운 오석산 아래에 있는 화암사라는 절도 김정희와 인연이 깊은 곳입니다. 김정희가 어릴 때 공부하던 곳으로 김정희가 유배생활을 할 때 증조부가 절을 고쳐 짓자 상량문과 편액 등을 지어서 올려 보냈는데, 현재 무량수각과 시경루 등의 편액이 바로 김정희의 친필입니다.

추사고택 주련에 새겨진 '얼굴 용(容)' 자가 마치 찡그린 얼굴을 연상시킨다.

김정희는 평생 열 개의 벼루 밑을 뚫고, 천 자루의 붓을 몽당 붓으로 만들 정도로 노력한 서화가로 〈세한도〉와 〈모질도〉, 〈부작란도〉 등 많은 그림과 시, 서예 작품을 남겼습니다. 그의 작품들은 하나같이 뛰어나 오늘날 명작으로 평가되고 있습니다. 문집으로는 《완당척독》과 《담연재시고》, 《완당선생전집》 등이 전하며, 《예당금석과안록》, 《진흥이비고》와 같은 금석학 저술, 《실사구시설》 등 실학 관련 저술 등이 남아 있습니다.

고국으로 돌아온 〈세한도〉

김정희가 이상적에게 준 〈세한도〉는 구한말에 행방이 묘연해졌다가 일제강점기 때 일본인 학자 후지즈카 지카시가 북경의 한 골동품 상점에서 발견해 구입하였습니다. 이것이 다시 우리나라로 돌아온 데에는 고미술품 수집가인 손재형의 역할이 컸습니다. 서예가이기도 했던 손재형은 해방이 되기 전 후지즈카에게 〈세한도〉가 있다는 소식을 듣고 그를 찾아갔습니다.

〈세한도〉를 일본에서 가져온 손재형

"후지즈카 씨, 대가를 치를 테니 〈세한도〉를 제게 양보해 주십시오."

그러나 후지즈카는 단번에 거절하였습니다.

"나는 추사 연구로 학위까지 받은 사람입니다. 그런 사람이 추사의 걸작 한 점 없다면 누가 나를 인정하겠습니까? 그럴 수 없으니 당장 물러가시오."

손재형은 발길을 돌릴 수밖에 없었습니다. 이후 후지즈카는 1944년 일본으로 돌아갔습니다. 당시 일본은 2차 세계대전을 치르고 있어서 매우 위험한 상황이었는데, 손재형은 아랑곳하지 않고 후지즈카를 만나러 일본으로 건너갔습니다. 후지즈카는 병을 앓아누워 있었는데 손재형은 매일 찾아가 문안을 하였습니다. 병문안은 사실 핑계이고 〈세한도〉를 얻기 위해서 찾아갔던 것입니다. 일주일이 지나자 후지즈카가 물었습니다.

"왜 매일 찾아오는 거요?"

"〈세한도〉를 양보해 주세요."

손재형은 말했습니다.

"그럴 수는 없습니다. 당장 물러가시오."

후지즈카는 짜증이 났는지 병석에서 일어나 앉아 정색을 하며 말하였습니다. 하지만 손재형도 물러나지 않았습니다.

"당신이 아무리 〈세한도〉를 아껴도 당신은 결국 일본인입니다. 당신은 〈세한도〉를 돈으로 보지 않을 테지만 당신의 자녀들은 그렇지 않을 것입니다."

"일없소. 빨리 돌아가시오."

후지즈카의 완강한 거부에 손재형은 물러날 수밖에 없었습니다. 하지만 손재형은 이후에도 계속 후지즈카를 찾아갔습니다. 미군의 공습으로 거리에 폭탄이 떨어지는 아찔한 순간도 여러 번 있었지만 그는 오로지 〈세한도〉를 우리나라로 가져가야 한다는 생각뿐이었습니다. 그렇게 몇 달 동안 계속 찾아가던 어느 날이었습니다.

"당신의 열정에 졌소. 가져가시오."

후지즈카의 말에 손재형은 기쁨의 눈물을 흘렸습니다. 손재형의 끈질긴 설득으로 〈세한도〉는 우리나라로 돌아왔고, 이후 〈세한도〉에는 오세창, 이시영 등의 글이 더 붙어서 긴 두루마리 형태가 되었습니다. 그러나 손재형은 광복 후 정치계에 뛰어들어 빚을 지게 되었고, 〈세한도〉는 빚을 갚는 데에 쓰여 손세기라는 사람의 손에 넘어갔습니다. 이후 〈세한도〉는 1974년에 국보 제180호로 지정되었습니다.

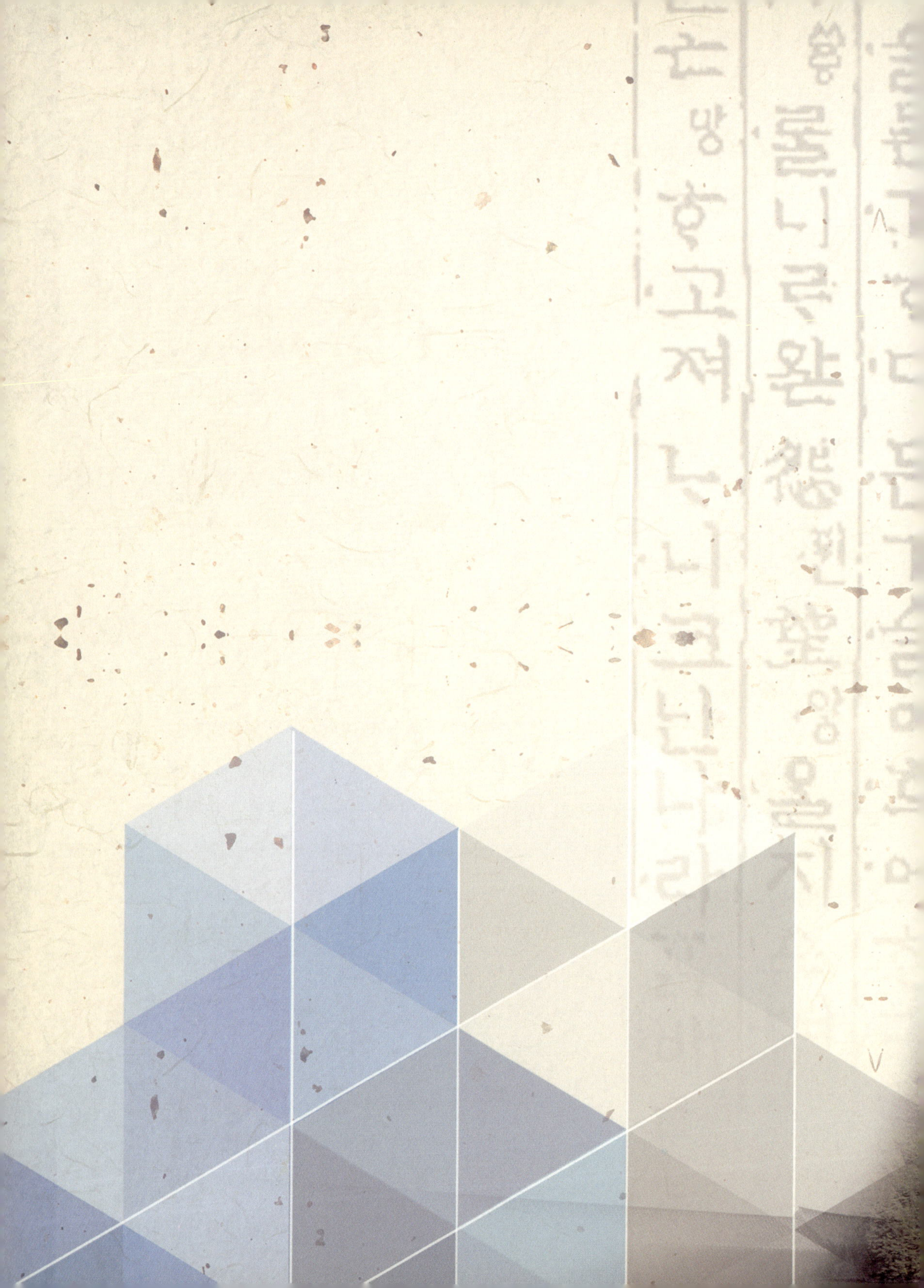

삿갓 쓴 방랑 시인 김병연

대역 죄인으로 몰려 죽은 자신의 할아버지를 꾸짖는 시를 지어 향시에서 장원 급제한 김병연은 모든 것을 포기하고 세상을 떠돌았습니다. 하늘이 부끄럽다며 삿갓을 쓰고 가는 곳마다 해학과 번뜩이는 기지로 멋진 시를 지어 흔히 방랑 시인 김삿갓으로 불립니다. 시를 통해 기구한 운명을 잊고자 했던 김삿갓은 어떤 사람일까요?

삿갓 쓴 방랑 시인 김병연

1811년 홍경래가 서북(평안도와 함경도) 사람들을 차별하는 데 불만을 품고 난을 일으켰습니다. 홍경래가 이끄는 반군은 평안도 가산과 박천을 함락하고 순식간에 선천으로 쳐들어왔는데, 선천 방어사 김익순은 주안상을 벌여 놓고 술을 마시던 중이었습니다. 아무 대비도 없던 김익순은 너무도 쉽게 반란군에게 붙잡히고 말았습니다.

"항복을 하면 살려 주겠으나 반항하면 정시처럼 죽음을 면치 못할 것이다."

가산 군수인 정시가 죽었다는 반란군의 말에 김익순은 순순히 항복

강원도 영월의 김삿갓 문학관 뜰에 세워져 있는 김병연 동상

영월의 마대산 기슭에 있는 김병연 주거지. 2002년 복원된 것이다.

을 하였습니다. 이듬해 봄 홍경래의 난은 진압되었고, 김익순은 대역 죄인으로 몰려 처형되었습니다. 옛날에는 가족 중 한 사람이 대역 죄인이 되면 남은 가족도 죄인처럼 취급을 받아 벼슬을 하지 못하였고(이를 연좌제라고 함) 남의 눈을 피해 살아야 하였습니다. 김익순의 아들 김안근은 하인인 김성수에게 병연과 병하, 두 아들을 보살펴 달라고 부탁을 하였습니다. 이리하여 아무것도 모르는 다섯 살배기 김병연(1807~1863)은 동생과 함께 황해도 곡산으로 떠났습니다.

   몇 년 뒤 연좌제가 풀려 김병연은 동생과 함께 집으로 돌아올 수 있게 되었지만 아버지는 화병으로 죽고 말았습니다. 어머니 이씨 부인은 아이들을 데리고 강원도 영월의 깊은 산속으로 들어갔습니다. 그때 김병연 가족이 둥지를 튼 곳이 현재 영월군 김삿갓면 어둔리의 김삿갓 유적지입니다.

할아버지를 욕하는 시로 장원급제하다

김병연은 머리가 영리하면서도 책을 많이 읽어 청소년이 되자 모르는 글이 없었습니다. 단 한 가지 자신의 할아버지가 대역 죄인이었다는 것만 몰랐습니다. 어머니가 할아버지에 대해서는 전혀 이야기해 주지 않았기 때문입니다. 20세 때 영월에서 향시가 치러졌는데, 시제는 '정시의 충정을 논하고, 김익순의 죄가 하늘에 이를 정도임을 통탄하라'였습니다. 김병연은 붓을 들어 써내려 갔습니다.

가산 군수 정시의 충성을 찬양하고 역적 김익순의 죄를 한탄하다
대대로 임금을 섬겨 온 김익순은 듣거라.
정공은 경대부에 불과하였으나 한나라 장군 이능처럼 항복하지 않아
충신열사들 가운데 공과 이름이 서열 중에 으뜸이로다.
(중략)
가문은 으뜸가는 장동 김씨요,
이름은 장안에서도 떨치는 순(淳)자 항렬이구나.
너희 가문이 이처럼 성은을 두터이 입었으니
백만 대군 앞이라도 의를 저버려선 안 되리라.
(중략)
이제 임금의 은혜를 저버리고 육친을 버렸으니
한 번 죽음은 가볍고 만 번 죽어야 마땅하리.
춘추필법을 너는 아느냐?
너의 일은 역사에 기록하여 천추만대에 전하리라.

김병연은 이 시로 당당히 장원을 하였습니다. 집으로 돌아온 그는 어머니에게 이 사실을 알렸습니다. 순간 어머니의 얼굴은 붉게 변하며 일그러졌습니다.

"이 못난 놈아! 어찌 그런 글을 지었느냐!"

그렇게 호통을 치고는 대성통곡을 하는 것이었습니다. 이유를 알 수 없는 김병연은 어머니에게 물었습니다.

"왜 그러십니까, 어머님?"

"김 익 자 순 자는 바로 네 할아버지다."

어머니는 가슴을 쥐어짜며 말하였습니다. 그 말을 들은 김병연은 '아!' 하는 탄성과 함께 그대로 무릎을 꿇고 말았습니다. 운명의 장난이란 바로 이런 것을 두고 하는 말일 것입니다. 김병연은 살고 싶지가 않았습니다. 그는 스스로 하늘을 볼 수 없는 죄인이라고 생각하고 큰 삿갓을 쓰고 세상을 떠돌기도 하였습니다. 부인과 아들 그리고 늙은 어머니가 있었으나 역적의 자손이자 패륜아로 더 이상은 집에 머물 수가 없었던 것입니다.

해학과 재치가 뛰어난 방랑 시인

막상 집을 나오니 갈 곳도 없고 오라는 곳도 없었습니다. 그는 무작정 금강산으로 향하였습니다. 가는 도중 거지처럼 밥을 얻어먹고, 헛간에서 새우잠을 자기도 하고, 어떤 때는 시 한 수로 푸짐한 술상을 받기도 하였으며, 때로는 도둑으로 몰리기도 하였습니다. 그러던 어느 날 금강산 근처의 서당에 들렀는데, 학동들의 이가 모두 빠져 있었습니다.

"너희는 이가 왜 그 모양이냐?"

김병연이 물으니 한 아이가 대답하였습니다.

"공허 스님과 시 짓기 내기를 하다 져서 이를 뽑혔습니다."

순간 김병연은 호기심이 발동하였습니다.

"참, 고약한 중이로구나! 그 중은 어디에 있느냐?"

"삿갓 어른, 절대 찾아가지 마십시오. 어찌나 시를 귀신같이 잘 짓는지 아직 그 누구도 그를 이긴 적이 없습니다."

다른 학동이 대답하자 김병연은 껄껄하고 웃으며 공허 스님이 머무는 곳을 향하여 걸음을 재촉하였습니다. 마침내 김병연은 공허 스님과 마주 앉았습니다. 공허 스님은 산 밑을 떠도는 구름을 보더니 시 한 줄을 읊었습니다.

김병연 조각상

아침에 입석봉을 오르니 구름이 발 아래에서 일고

김삿갓은 공허 스님을 찾아오던 중 산 밑에 황천담이 있던 것이 떠올라 맞받아쳤습니다.

저녁에 샘물을 마시니 달이 입술에 걸리는구나.

이후 둘은 계속 시를 주고받았습니다.

골짜기 소나무가 남쪽으로 누웠으니 북풍임을 알겠고
난간의 대나무 그림자 동쪽으로 기우니 해지는 줄 알겠구나.
깎아지른 절벽이 위태로워도 꽃은 웃고 있고
봄볕이 아무리 좋아도 새는 울고 돌아가네.

김병연의 기막힌 대구(對句)에 스님은 점점 초조해지기 시작하였습니다. 스님은 회심의 시어를 던졌습니다.

하늘 위의 흰 구름은 내일이면 비가 될 것이오.
바위틈의 낙엽은 작년 가을 것이로다.
남녀가 사랑하긴 기유일이 좋고
밤중에 애기 낳기는 해자시가 가장 좋네.

기유(己酉)는 배필을 뜻하는 배(配)를 나눈 것이고, 해자(亥子)는 아이를 뜻하는 해(孩)를 나눈 것이니 김병연이 절묘하게 맞받아친 것입니다. 이후 더 이어지긴 하였으나 결국 스님은 항복을 하고 학동들이 보는 앞에서 이를 뽑혔습니다.

백성들의 한을 풀어 준 김삿갓

김병연은 삿갓을 쓰고 다니며 가는 곳마다 멋진 시를 남겨 김삿갓으로 유명해지기 시작하였습니다. 그는 즉흥적이면서도 쉽게 시를 썼는데, 특히 백성들의 응어리진 가슴을 뻥 뚫어 주곤 하였습니다.

금강산을 유람한 후 함경도로 향하다 어느 집에서 잠시 쉬게 되었습니다. 끼니때가 다 되자 그 집 아내가 제법 유식하게 남편에게 물었습니다.

"인량차팔(人良且八)?"

'인(人)' 자와 '량(良)' 자를 합하면 '먹을 식(食)' 자이고, '차(且)' 자와 '팔(八)' 자를 합하면 '갖출 구(具)' 자이니 식사를 할 것이냐는 물음입니다. 이에 남편이 대꾸하였습니다.

"월월산산(月月山山)."

이는 붕출(朋出)이니 친구 즉 김삿갓이 가면 내오라는 뜻입니다. 김삿갓이 이를 모를 리 없습니다.

"견자화중(犬者禾重)아, 정구죽천(丁口竹天)이로다!"

그렇게 말하고 껄껄대며 그 집을 나섰습니다. 한자들을 두 개씩 합치면 '저종가소(猪種可笑)'가 되니 '이 돼지 새끼들아, 가소롭다!'라는 뜻입니다.

이외에도 일화는 수도 없이 많습니다. 사람이 죽어 부고를 써 달라는 부탁을 받고 '유유화화(柳柳花花)'라고 썼는데, 이는 버들버들하다가 꽃꽃해졌다는 것으로 한자를 빌려 우리말을 교묘하게 표현한 것입니다. 또 개성에서는 어느 집에 하룻밤 묵을 것을 청하였으나 집주인이 땔감이 없다며 문을 닫자, "고을 이름은 개성인데 어찌 문을 닫아걸며, 산 이름이 송악인데 어찌 땔감이 없느냐?"고 한 것은 고을 이름과 산 이름을 빌려 집주인을 절묘하게 비꼰 것입니다.

한번은 농부가 하소연을 하였습니다.

"양반이 우리 선산에 자기네 딸 묘를 썼습니다."

그러자 종이와 붓을 가져오라고 하더니 이렇게 썼습니다.

"양반님네 따님을 할아버지와 아버지 사이에 눕혔으니 할아버지 몫으로 할까요? 아니면 아버지 몫으로 하오리까?"

농부가 이 글을 그 양반집에 갖다 주니 바로 묘를 옮겨갔습니다.

그는 함경도에서 백성들이 고생하는 것을 보고 시를 한 수 읊었습니다.

낙민루(樂民樓)

선정을 펴야 할 선화당에서 화적 같은 정치를 펴니,
낙민루 아래에서 백성들이 눈물 흘리네.
함경도 백성들이 다 놀라 달아나니,
조기영의 집안이 어찌 오래 가리오.

거지처럼 유랑을 하며 살았지만 몇 군데에서는 서당 훈장을 하기도 하였습니다. 특히 안동의 도산서원 아랫마을에서는 몇 년 동안 훈장을 하였습니다.

한편, 김병연의 아들 김익균은 아버지를 찾으러 전국 방방곡곡을 찾아다녔습니다. 충청도 계룡산 아래에서 마침내 둘은 만났고, 아들의 간곡한 청에 김병연은 집으로 돌아가기로 하였습니다. 하지만 밤에 아들이 잠이 들자 몰래 도망을 쳤습니다. 1년 뒤 경상도에서 마주쳤을 때에는 아들에게 심부름을 시켜 놓고 도망쳤고, 또 3년 뒤 진주에서 만났을 때에는 화장실이 급하다며 사라졌습니다.

김병연이라고 집에 가고 싶지 않았을 리는 없습니다. 그는 자신의 외로운 심정을 시로 읊었습니다.

슬프고 슬프다 천지간의 남자여,
내 평생 아는 사람 그 누구인가.
부평초처럼 삼천리를 유랑하였으나
거문고 타고 글 읽는 사십 년이 허사로다.
청운의 꿈은 힘으로 되지 않으니 원치 않고
늙음은 누구에게나 오는 것이니 슬퍼하지 않으리.

집으로 돌아가는 꿈꾸다 일어나 앉으니
깊은 밤 월나라 새 남쪽 가지에 깃드는 소리 들리네.

화순의 적벽에 반하다

　김병연이 말년에 머문 곳은 전라도 화순의 적벽입니다. 적벽은 창랑천 옆으로 길게 이어지는 절벽으로 예로부터 빼어난 경치로 이름난 곳인데, 이곳에 있는 물염정이라는 정자에서 유유자적하며 보냈습니다. 물염정은 조선 명종 임금 때 풍기군수를 지낸 송정순이 지은 것으로 오늘날에도 남아 있는데, 기둥 하나가 다듬지 않은 자연 그대로 서 있습니다. 1966년 수리할 때 마을 사람들이 배롱나무 기둥을 원형 그대로 살려 세웠다고 합니다.

　김병연이 이곳과 인연을 맺은 것은 근처의 창원 정씨 댁에 머물게 되었기

많은 시인과 묵객들이 찾았던 화순적벽(전라남도 화순군 이서면 월산리). 깎아지른 절벽이 수려한 자연 경관과 잘 어울린다.

때문입니다. 창원 정씨 가문에는 손님이 누구든 반갑게 맞이하는 것이 가훈으로 전해졌고, 마침 이곳에 온 김병연도 후하게 대접을 받으니 6년간이나 머물렀습니다. 김병연은 이 집 사랑채에서 머물다 1863년 3월 한 많은 세상을 등졌습니

김병연이 자주 오르던 물염정(전라남도 화순군)

다. 정씨 댁에서는 마을의 동쪽 동산에 김병연의 시신을 묻어 주었으며, 3년 뒤 김병연의 둘째 아들이 찾아와 강원도 영월로 이장하였습니다.

   지금도 이곳에는 김병연이 처음 묻혔던 장소가 있는데, '김립 선생 초분 유허지'라고 쓴 표석이 서 있습니다. 김립이란 김삿갓을 한자로 쓴 것입

김병연의 초장지(전라남도 화순군 구암리)

자연석 묘비와 어울리는 김병연의 묘(강원도 영월군 김삿갓면 와석리)

니다. 화순군에서는 2005년에 김병연 동상과 7폭의 시비를 세우고 삿갓동산을 조성하여 김병연을 기리고 있습니다.

　김병연의 묘는 강원도 영월의 김삿갓면 와석리 마대산 자락에 있습니다. 워낙 깊은 오지에 있어서 오랫동안 잊혀 있었는데, 1982년 영월의 한 향토 사학자가 찾아내 현재 묘 부근을 김삿갓 유적지로 개발하였습니다. 묘 인근에는 김삿갓문학관과 시비동산이 자리 잡고 있으며, 묘지 앞에는 '시선 난

묘 입구에 있는 김병연 유허비

김병연이 숨을 거둔 구암리에 있는 정씨네 집

김병연의 괴나리봇짐과 짚신, 술병 조각품

🔍 김삿갓문학관(강원도 영월군 김삿갓면 와석리)

김삿갓으로 불린 김병연과 관련된 자료와 유물들을 전시하는 문학 박물관으로 2003년 개관하였다. 기획전시실과 일대기실, 난고문학실로 구성되며, 야외에는 여러 점의 시비가 조성되어 있다.

고 김병연의 묘'라는 자연석 묘비가 서 있습니다. 김삿갓문학관의 넓은 뜰에는 괴나리봇짐과 삿갓 등의 조형물을 설치하여 그의 방랑 생활을 엿볼 수 있고, 내부에는 김병연과 관련된 책들과 김병연 가문의 족보 등 다양한 전시품이 전시되어 있습니다.

끝으로 세상을 달관한 듯한 김병연의 시를 소개합니다.

是是非非付彼竹(시시비비부피죽) 옳고 그름은 따지지 말고 그저 그런 대로
賓客接待家勢竹(빈객접대가세죽) 손님 접대는 집안 형편대로
市井賣買歲月竹(시정매매세월죽) 물건 사고파는 것은 시세대로
萬事不如吾心竹(만사불여오심죽) 만사는 다 내 마음대로만 못 하니
然然然世過然竹(연년년세과년죽) 그렇고 그런 세상 그런 대로 살아가세.

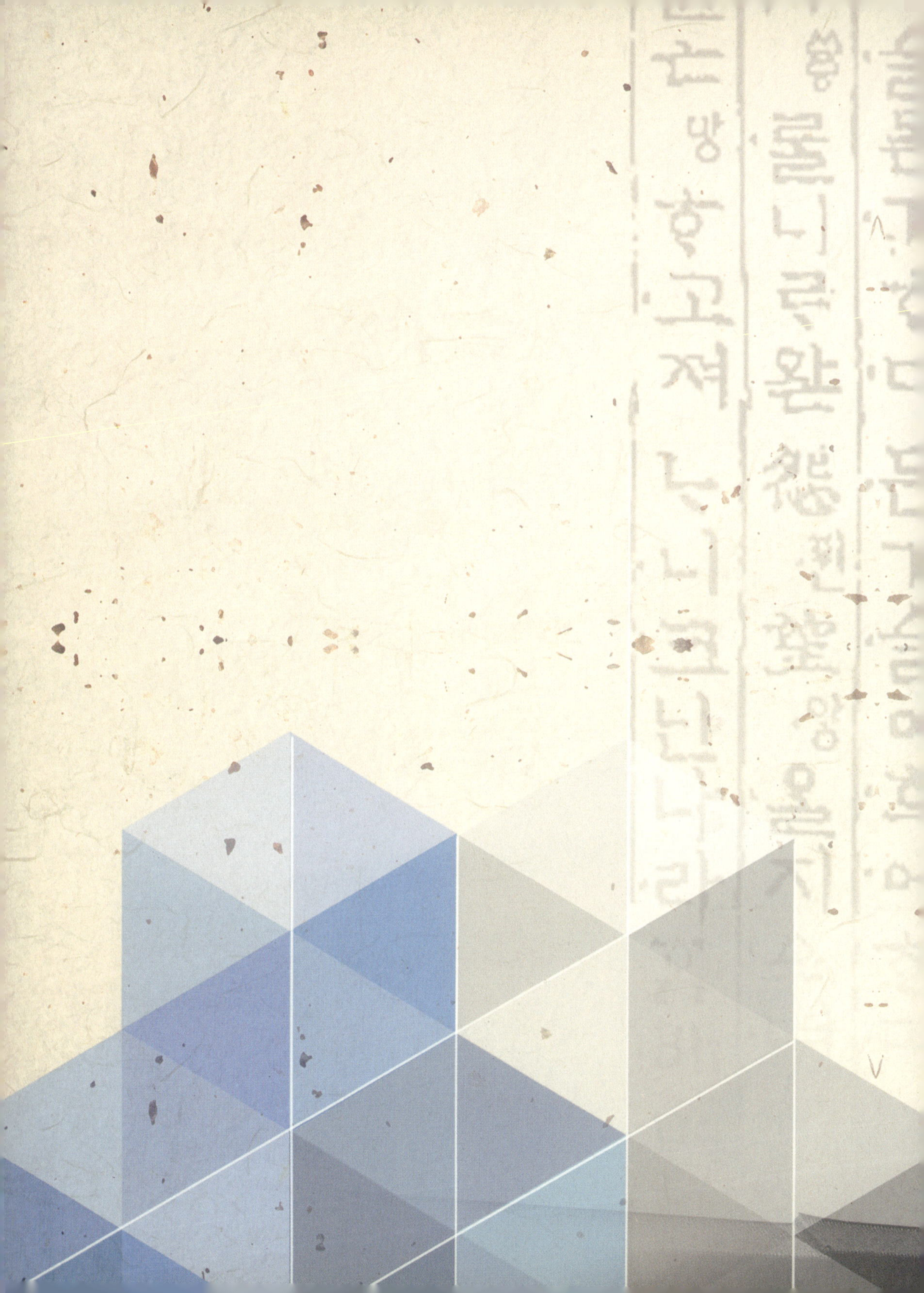

부록

1부 왕릉의 구성
2부 사대부 묘지의 구성

1부 왕릉의 구성

왕릉은 기본적으로 죽은 자를 위한 공간이므로 왕릉을 방문할 때에는 염두에 두어야 할 것이 꽤 있습니다. 아무 데나 걸어 다니면 안 되며, 함부로 능에 들어가서도 안 됩니다. 죽은 자의 공간과 산 자의 공간이 엄격하게 구분되기 때문입니다.

그림 '왕릉의 구조(조선 시대)'를 보면 왕릉의 전체적인 구조를 알 수 있는데, 크게 왕릉 주변과 홍살문 주변의 진입 공간 그리고 정자각 주변으로 나누어집니다.

진입 공간, 능역의 시작 공간

왕릉은 홍살문을 들어가면서 시작됩니다. 들어가기 전 우측에는 재실이 있는데, 이곳은 능을 관리하는 사람(예전에는 참봉)이 거처하고 제향을 준비하는 곳입니다. 진입 공간은 능침 공간을 보호하기 위해 수목이 풍성하게 심어져 있으며 풍수적 비보, 참배자의 휴식, 능역의 수리와 관리, 산불 방지 등을 위해 지당을 설치하고는 합니다.

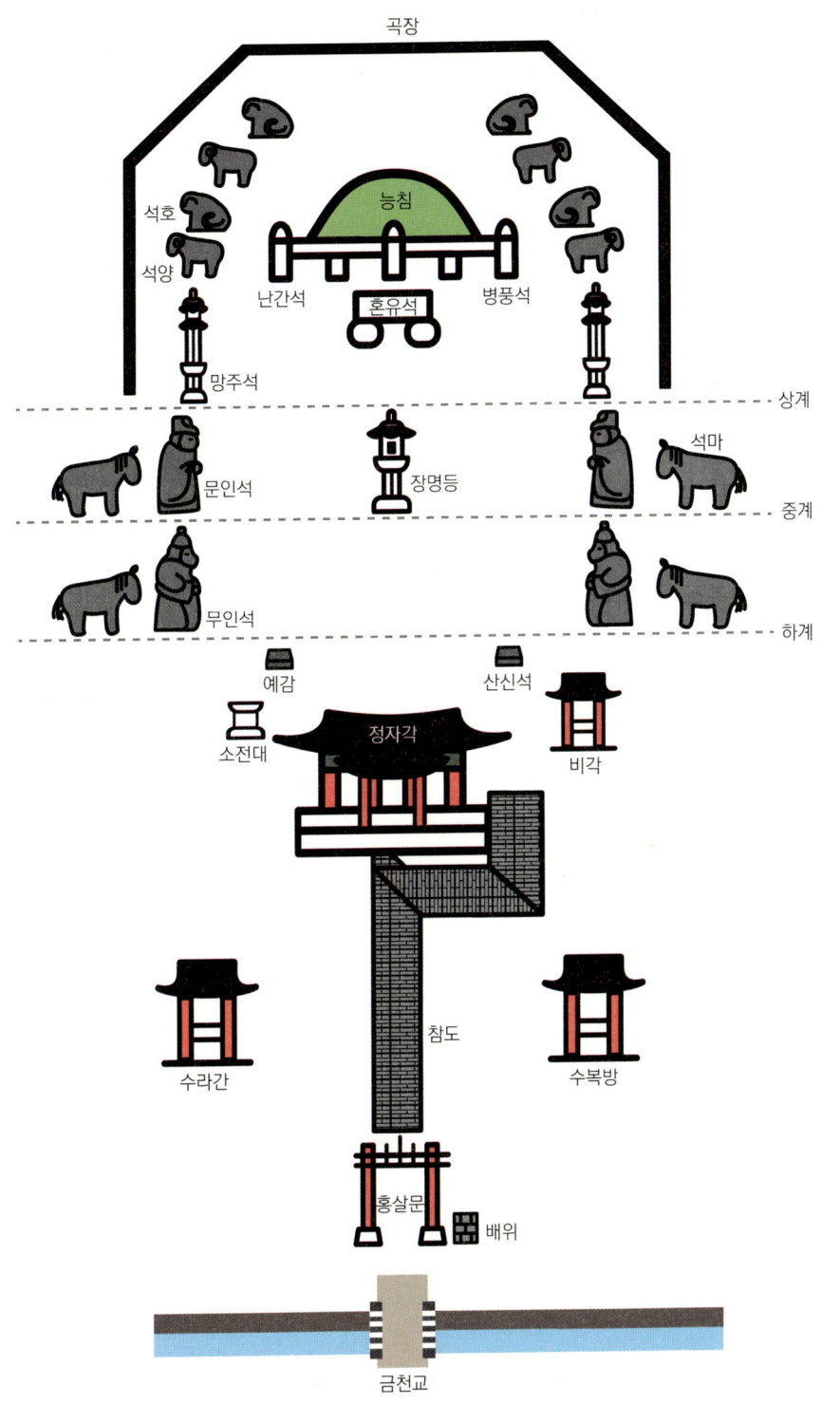

왕릉의 구조(조선 시대)

금천교

홍살문으로 진입하기 전에 있는 다리 모양의 석조물로, 금천이란 '건너가는 것을 금하는 시내'라는 뜻입니다. 곧 금천교 건너편은 특별한 영역, 즉 임금의 혼령이 머무는 신성한 영역임을 상징합니다.

홍살문

금천교 앞에 붉은 물감을 칠한 나무 문으로 신성한 구역이라는 뜻으로 세운 것입니다. 붉은색은 사악함을 쫓는 기운이 있다고 합니다. 양쪽에 기둥을 세우고 위에 심방과 띠장을 가로질렀으며 가는 살을 약 15~24cm 간격으로 만들고 중앙에는 삼지창과 태극 문양 등을 새겼습니다.

왕릉이 군집하여 있는 경우 능침마다 내홍살문을 만들고 맨 처음 입구에 외홍살문을 두기도 합니다. 홍살문은 능 이외에도 원이나 묘, 궁전 앞에도 세웠으며, 관아와 사원 등 신성한 곳에도 세웠습니다.

금천교

홍살문과 참도

참도

홍살문에서 멀리 보이는 정자각까지 길이 나 있는데, 자세히 보면 길 한 가운데는 넓고 주변보다 약간 높은 길이 있습니다. 이를 혼령이 이용하는 길이라고 하여 신도라고 합니다. 이 신도 바깥쪽은 약간 낮고 좁은데, 이를 왕이 사용한다 하여 어도라고 부릅니다. 참도는 정자각 앞까지 가다가 동쪽으로 방향을 바꿔서 정자각의 측면으로 연결됩니다.

배위

홍살문 바로 옆에 한 평 정도 되는 공간에 깔아 놓은 돌을 말합니다. 왕이 능에 행차하였을 때 여기에서 절을 하는데, 이를 판위 또는 어배석, 망릉위라고도 합니다.

배위

재실

왕릉의 수호와 관리를 담당하는 참봉이 상주하던 곳으로, 제사에 쓸 향을 보관하고 제기를 간수하며 제사와 관련한 전반적인 준비를 하던 곳입니다. 제사에 참여하는 사

재실

람들의 숙식 제공과 제사에 쓰는 음식을 장만하였습니다.

재실의 중심 건물은 향을 보관하는 향대청이며 그 옆에 제관이 머무는 재실이 있고, 제수 장만 등을 주관하는 전사청, 제기를 보관하는 제기고 등이 있습니다. 각각의 건물은 별도의 행랑이나 울타리로 둘러싸여 있어 구분이 됩니다.

제향 공간, 산 자와 죽은 자의 만남의 공간

정자각 주변은 제례가 이루어지는 공간입니다. 그래서 산 자와 죽은 자가 만나는 곳이라고도 할 수 있는 곳입니다. 정자각은 정전과 배전 또는 판위청으로 구분할 수 있는데, 정전은 제사를 지내는 본 건물이며, 배전은 제사에 참여하는 사람들이 절을 올리는 공간입니다.

정자각

건물 형태가 정(丁) 자처럼 생긴 것으로 내부에는 제사를 지내는 데 쓰이는 제구가 있습니다. 홍살문 옆에는 돌을 깔아 놓은 판위가 있는데, 참배자는 이곳에서 능주를 향해 절을 하게 되어 있습니다.

정자각

예감과 산신석

예감은 정자각 뒤 서쪽에 있는 석조물로 축문을 소각시키는 시설물로 망료위라고도 합니다. 바닥에는 방전을 깔고 석계를 덮거나 송판으로 뚜껑을 만들어 잠그도록 되어 있습니다.

산신석은 정자각 뒤 동북쪽에 있는 장방형의 시설물로, 산을 주관하는 신에게 예를 올리는 자리입니다. 산신이 인간에게 자리를 내어 준 것에 감사하는 예를 표하는 것입니다. 이외에 소전대라 하여 불교식 제례를 올리던 흔적도 있습니다.

예감

산신석

수라간과 수복방

수라간은 정자각 서남쪽에 위치하는 건물로 제향 음식을 차리던 곳입니다. 보통 정면 3칸, 측면 1칸의 맞배지붕으로 간소하게 지어졌습니다. 제사가 있을 때 여기서 간단히 음식을 데우거나 조리를 하였습니다.

수복방은 정자각 동남 측에 위치하며 능역을 순시, 관리하던 수복이 쓰던

수라간

수복방

건물입니다. 정자각 앞에서 수라간과 마주보는 위치에 있는데, 크기도 비슷합니다.

능침 공간, 죽은 자의 공간

봉분이 있는 왕릉의 핵심 공간으로, 경사면이 완만한 언덕으로 이루어져 있습니다. 봉분의 좌우와 뒷면 3면에는 곡장이 둘러져 있으며 그 주변에는 소나무가 심어져 있습니다. 능침 공간은 장대석에 의해 하계, 중계, 상계로 나누어집니다. 상계는 봉분을 곡장이 둘러싸고 있는 부분이며, 중계는 문인석상, 하계는 무인석상이 놓이는 부분을 말합니다.

왕릉의 석조물들은 대개 봉분을 보호하는 기능을 하는데, 먼저 봉분 둘레에는 호석(병풍석)을 쌓고 그 주위에 석난간을 둘렀으며 그 앞에 석양과 석호 등 석수를 배치하였습니다. 왕릉 정면에는 장방형의 혼유석을 두고 좌우에 망주석을 세웠으며, 석상 앞에 장명등을 세웁니다. 장명등 좌우에는 문인석 1쌍 또는 2쌍을 마주보게 세우고, 문인석 뒤로 석마를 세웠으며 문인석 아랫단에 문인석과 같은 방식으로 무인석을 세웠습니다.

곡장과 병풍석

여러 가지 부속품으로 이루어진 병풍석은 다른 나라의 능에서는 찾아볼 수 없는 조선 특유의 능묘 조각물입니다. 임진왜란 이후에 조성되기 시작하며 지대석, 면석, 우석, 만석, 인석으로 되어 있는데, 봉분의 흙이 흘러내리는 것을 방지하는 기능을 합니다.

또한 병풍석 중앙의 면석에는 십이지신상을 새기는데, 이를 호석이라고도 합니다. 이 호석 모서리 우석에는 영저와 영탁을 조각하며, 모란이나 구름 등이 장식으로 표현됩니다.

왕릉의 곡장(맨 바깥의 담)과 병풍석(봉분 바로 주변에 둘러쳐져 있는 석조물)

혼유석

시신을 안장한 후 그 통로를 막고 그 위에 박석과 북 모양의 둥근 고석을 놓고, 그 위에 혼유석을 설치합니다. 혼유석이라는 명칭은 영혼이 나와서 놀도록 설치한 돌이라는

혼유석과 고석

의미입니다. 이러한 석물은 중국의 능에서 보이지 않는 우리나라의 독자적인 것이라고 합니다. 일반 묘의 경우 이를 상석이라고 하여 제물을 올리는 용도로 쓰이지만 혼유석에는 아무것도 올리지 않습니다. 제례는 정자각에서 올리기 때문입니다.

혼유석을 받치고 있는 둥근 북 모양의 고석은 족석, 부석으로 불리기도 하는데, 고석의 높이는 일반적으로 50cm 정도이고 둥근 형태의 사면에는 귀면 모양이 새겨져 있습니다.

석수

봉분 주변에는 동물 조각이 둘러져 있는데, 정면을 제외한 삼면에 석호와 석양이 2쌍씩 좌우로 배치되어 있습니다. 이들 석수들은 봉분 주변에서 능이 아닌 외부를 향해 있습니다. 즉 곡장에 머리를 대고 있고 봉분 쪽에 엉덩이만 보이도록 배치한 것은 능침에 대한 외부의 침입에 대한 경계에 전념하고 있음을 의미합니다. 따라서 권력의 과시보다는 능을 수호하고 음양 기운의 균형을 잡기 위한 상징적인 역할을 하는 것입니다.

석양과 석호를 번갈아 배치한 것은 양(羊 : 양)과 음(虎 : 호랑이)의 기운에 대적하는 상징으로 해석할 수도 있는데, 양은 온순함을, 호랑이는 사나움을 강조합니다. 또한 음양의 조화를 의미하기도 합니다. 한편, 양은 희생의 동물로 제

석수

석양

석호

물로도 사용되지만 신양의 성격을 띠어 성을 수호한다는 의미이므로 상징적으로 사악한 악귀를 막는 성격을 지닌 것으로 볼 수도 있습니다.

석수의 자세에서 석양은 항상 서 있는 자세로서 수호의 느낌이 강조되었고, 석호는 두 앞발을 세우고 앉아서도 충분한 경계를 할 수 있는 것으로 보이며, 석양과 조화 있는 조형감과 심리적인 균형감을 유지하고 있어 능역의 분위기에 안정감을 줍니다.

망주석

혼유석 좌우에 촛대처럼 서 있는 한 쌍의 망주석은 혼이 자기의 유택을 찾을 때 이용한다고 하고, 다산을 위한 남근을 상징한다고도 알려져 있습니다. 묘가 있는 곳을 멀리서 바라보아 쉽게 알아볼 수 있도록 알려 주는 것으로 사용되었음을 알 수 있습니다.

망주석의 가운데 기둥에는 세호(細虎)가 새겨져 있습니다. 세호는 아주 작은 호랑이라는 뜻이나, 실제는 호랑이 모습과 닮지는 않았습니다.

망주석

세호

장명등

등불을 밝히기 위한 석등으로 조선 왕릉에서만 등장하는 석물입니다. 가운데에서 약간 북쪽으로 치우쳐 놓여 있는 것이 특징입니다. 《국조오례의》의 '흉례'에는 장명등 사방의 옆을 통해 파서 연기를 흩어지게 한다고 설명되어 있어 실제로 묘역을 밝히는 기능을 했을 가능성이 있으나, 현재 왕릉에 있는 대부분의 장명등은 불을 피운 흔적이 없어 상징적인 조형물이었던 것으로 보입니다.

장명등

일반적인 석등보다 옥개석이 더 길쭉하며 대석이 굵어서 승탑과 비슷한 형식을 띠고 있는데, 특히 옥개석 위에는 중앙에 보주를 얹어서 전체적으로 장중한 느낌을 줍니다.

문인석과 무인석

머리에 쓰는 복두, 포, 허리띠인 대, 손에 드는 홀, 가죽신을 갖춰 공복을 착용한 백관의 모습입니다. 왕릉의 문인석은 대개 비슷하나 키, 얼굴의 크기와 표정, 선의 부드러운 정도, 옷 주름의 표현, 모서리의 곡선 정도와 모자의 형태 등이 차이가 납니다.

무인석(왼쪽)과 문인석(오른쪽)

능침의 하계에는 무인석 한 쌍이 석마를 대동한 채 서 있습니다. 무인석은 문인석에 비해 큰 얼굴과 밭은 목, 굵은 몸통과 긴 상반신 그리고 큰 골격이 강조됩니다. 그리고 갑옷을 입고 투구를 쓴 채 칼을 잡고 서 있습니다.

석마

문·무인석 뒤에 약간 남쪽으로 말이 한 필씩 서 있습니다. 말의 자세는 등의 선이 거의 수평으로 움직임이 전혀 없고, 고삐 없이 석인상 뒤에서 고개를 숙인 채 대기하는 자세입니다. 문관과 무관이 타고 온 말이라고 생각할 수 있으나 고삐와 재갈, 안장 같은 마구가 전혀 표현되지 않아 신마의 상징적인 성격을 부여한 것으로 보입니다. 특히 말의 크기가 너무 작고 꼬리도 길게 땅에 끌리는 모습으로 표현되어 있습니다.

문·무인석 옆에 있는 석마

황제 능의 석물

황제 능의 석물은 봉분 주변과 침전 앞 석물로 나눌 수 있습니다. 봉분 주변에는 봉분과 직접적으로 관련이 있는 병풍석, 난간석, 혼유석, 망주석, 장명등을 설치하였는데, 왕릉과 거의 같은 구조입니다. 그러나 침전 앞에는 능침을 수호하는 상징적 기능을 했던 문·무인석과 동물상들을 신도 좌우에 배열하도록 하였습니다. 또 전통적인 석호와 석양 대신 기린, 코끼리, 사자, 해치, 낙타 같은 새로운 석수를 배치하여 왕릉보다 격을 높게 한 것을 알 수 있습니다.

2부 사대부 묘지의 구성

일반 묘에는 왕릉에 비하여 세울 수 있는 석물에 제한이 많았습니다. 묘제도는 조선의 기본 법전인 《경국대전》에 상세히 수록되어 있는데, 품계에 따라 묘역의 넓이는 어느 정도까지 쓸 수 있는지, 석물의 크기와 종류는 어떠해야 하는지 등이 수록되어 있습니다. 이러한 내용들은 아주 자세하여 품계에 따른 석물의 크기가 몇 치 몇 푼까지 규정되어 있습니다. 지금으로 말하면 센티미터까지 규정된 셈입니다.

예를 들어 봉분 바로 앞에 놓이는 석상과 석인의 경우 대군의 묘에는 석상은 길이 7자, 너비 4자, 석인은 높이 6자로 한정하고 2품 이상은 석상 길이 6자 5치, 너비 3자 7치 5푼, 석인 높이 5자 5치, 7품 이하 및 생원과 진사의 경우는 석상 길이 5자 5치, 너비 3자, 석인 4자 5치 등으로 못박아 놓았습니다.

사대부 묘에는 곡장과 난간석, 병풍석, 석호, 석양, 석마를 쓸 수 없었고 석인도 문인석이든지 무인석이든지 한 쌍만 세울 수 있었습니다. 그러나 그 외 망주석, 장명등, 신도비는 사대부 묘에도 세울 수 있었습니다. 장명등은 1품 이상인 관리의 묘에 세웠으나 조선 후기에는 잘 쓰이지 않았습니다. 신도비는 2품 이상인 관리의 묘에 세웠습니다.

한편, 신도비는 왕릉에도 세우다가 문종 임금 이후부터 세우지 않았습니다. 《조선왕조실록》에 자세히 행적이 실리기 때문입니다. 하지만 영조 임금 때에 와서 다시 건립하기 시작하였습니다.

왕릉은 전통을 고수하려는 경향이 강하기 때문에 시대가 변해도 크게 달라지지 않지만, 사대부의 묘는 시대에 따라, 가문의 경제력에 따라 그 크기와 석물의 수가 달랐습니다. 본래 쓸 수 없었던 석양, 석호, 석마가 문인석을 대신하여 많이 세워졌습니다.

이와 관련해 흥미 있는 이야기가 전해집니다. 영조 임금 시절 어느 문신이 꿈을 꾸었는데 돌아가신 아버지가 나타나 "네가 바치는 제사 음식을 저 못된 문인석이 모두 먹어 버린다. 어서 저 문인석을 넘어뜨려라."라고 한 이후부터 문인석은 제사 음식을 가로채는 못된 영물로 인식되어 세우지 않았다고 합니다. 대신 석양, 석호, 석마 등이 세워진 것입니다.

향로석, 동자석은 왕릉에는 없고 사대부 묘에만 세워졌습니다. 이는 향로석과 동자석이 16세기 이후에 나타나는 새로운 석물이기 때문인 듯합니다. 또 묘 앞의 비석도 사대부 묘의 특징입니다. 비석은 훗날 누구의 묘인지 모를 수도 있어 세운 것인데, 왕릉은 그럴 일이 극히 드물어 세우지 않았던 것입니다. 그리고 사대부 묘의 망주석 옆에는 간혹 네모난 석물을 설치하는데, 이것은 문방구를 상징하는 문방석입니다.

특히 봉분 앞에 마련되는

일반 사대부 묘에 있는 상석과 향로석

네모반듯한 상석은 왕릉의 혼유석과 비슷하나 전혀 성격이 다릅니다. 상석에는 제물을 올리지만 혼유석에는 올리지 않습니다. 왕릉에서 제례는 정자각에서 다 지내기 때문입니다. 일반 묘에는 상석 앞에 향로석도 놓이나 왕릉에는 이 역시 없습니다.

 그러므로 일반 사대부의 묘는 비석, 상석, 향로석, 망주석 그리고 문·무인석 중 2구가 놓이는 것이 기본이라고 할 수 있습니다. 여기에서 망주석은 왕릉의 망주석과는 달리 햇빛을 가리는 차양을 칠 때 쓰인 것으로 보입니다. 그래서 옛 망주석에는 양쪽에 고리가 달려 있거나 그런 흔적이 남아 있습니다. 그리고 망주석에 표현된 것도 왕릉의 세호와는 달리 다람쥐입니다. 망주석 하나에는 위로 올라가는 다람쥐를 표현하고, 다른 하나에는 아래로 내려가는 다람쥐를 새깁니다.